Peter W. Metzler Verlag

Marianna Varga

Erinnerung an
Ludwig Venetianer

Emlékezés
Venetianer Lajosra

Ludwig Venetianer

Jüdisches im Christentum

Reprint

Tanulmány

Peter W. Metzler Verlag

Varga, Marianna:
Erinnerung an Ludwig Venetianer / Emlékezés Venetianer Lajosra
Venetianer, Ludwig:
Jüdisches im Christentum / Reprint / Tanulmány
Copyright © Marianna Varga, Budapest / Ungarn 2003
Copyright © Peter W. Metzler Verlag, Duisburg / Deutschland 2003
Band 1 in der vom Verlag begründeten Reihe
„ Discursus et Scriptum ".
Alle Rechte vorbehalten.
Ohne Zustimmung und ohne Genehmigung ist jede Verwertung außerhalb der
engen Grenzen des Urheberrechts unzulässig und strafbar.
Dieses gilt auch für Vervielfältigungen, Übersetzungen, Mikroverfilmungen und für
jede Möglichkeit der Einspeicherung und Verarbeitung.
Die Vorlage für den Nachdruck enthält Gebrauchsspuren und Bearbeitungsnotizen.
Die Nachdruckqualität, die Gebrauchsspuren und die Bearbeitungsnotizen dieser
Ausgabe sind keine Fehler und keine Mängel der Herstellung.

Printed in Germany

ISBN 3-936283-08-7

INHALT

ERINNERUNG AN LUDWIG VENETIANER

7

EMLÉKEZÉS VENETIANER LAJOSRA

21

JÜDISCHES IM CHRISTENTUM

33

ABBILDUNGEN

118

DIE WISSENSCHAFTLICHE TÄTIGKEIT
VON LUDWIG VENETIANER
IN EINER BIBLIOGRAPHIE ZUSAMMENGESTELLT

131

ERINNERUNG AN LUDWIG VENETIANER

Als seine Enkelin konnte ich Ludwig Venetianer nur mehr aus den Erzählungen meiner Mutter und meiner Familienangehörigen, aus den vielen wissenschaftlichen Angaben und Aufzeichnungen, die sich in meinem Besitz befinden, sowie aus seinen Werken kennenlernen. Nur so konnte ich erfahren, was er als gelehrter jüdischer Geistlicher und als Wissenschaftler der ungarischen und der allgemeinen Weltkultur sowie denen gegeben hat, die sich mit der Orientalistik beschäftigen. In Újpest, im heutigen IV. Stadtbezirk von Budapest, sind jene Geschichten sozusagen zur Folklore geworden, die von dem selbstlosen, mit einem außerordentlichen Sozialgefühl begnadeten Menschen handelten, der sein ganzes Leben lang dafür arbeitete, wie er den auf Hilfe angewiesenen und bedürftigen Menschen helfen konnte, wobei er auch die Förderung ihrer geistigen Entwicklung nicht vergaß. (Bild 1)
Als Ethnographin und Museologin begann ich mich auf Anregung und auf die Hinweise von Sándor Scheiber vor rund fünfzehn Jahren in Kenntnis der mir zur Verfügung stehenden sowie in den Bibliotheken und Archiven aufzufindenden Werke und Aufzeichnungen mit der nur kurz bemessenen Zeit seines Lebens und Schaffens zu beschäftigen. Ich hielt es für meine Pflicht, die Erinnerung an ihn zu bewahren, lebte er doch von meinen Kinderjahren an so in meiner Seele, als ob er immer in meiner Nähe gewesen wäre.
Er wurde am 19. Mai 1867 in der Stadt Kecskemét geboren. Hier war mein Urgroßvater Albert Venetianer Stellvertreter des Rabbiners[1]; meine Urgroßmutter Regina, geb. Stern, war die Tochter eines Schneiders von ungarischen Bauernmänteln. Er hatte sechs Geschwister[2]. Sándor, sein ältester Bruder, wollte Rabbiner werden, doch auf einer ausländischen Studienreise entfernte er sich von den religiösen Traditionen der Familie und wurde reformiert-kalvinistischer Geistlicher. Nachdem meine Urgroßeltern die Beziehungen zu ihrem Sohn abgebrochen und ihn nach altem Brauch betrauert hatten, zogen sie nach Szeged, wo mein Urgroßvater seine Tätigkeit neben Immanuel Löw fortsetzte.
Mein Großvater, als jüngstes Kind, besuchte die ersten vier Gymnasialklassen im Knabengymnasium des Piaristenordens in Kecskemét. In Budapest setzte er dann von 1881 an das Gymnasium an der Rabbinerschule fort. Nach dem Abitur erwarb er auch einen Oberstufenabschluß am Franz-Joseph-Rabbiner-Seminar. Inzwischen studierte er an der Budapester Péter Pázmány Universität die Fachrichtung Gymnasial-Professor für Deutsch und Ungarisch. 1891 promovierte er, 1892 wurde er zum Rabbiner ordiniert.

Danach trat er für einige Monate als Praktikant in die Dienste von Immanuel Lőw, 1893 nahm er seine Tätigkeit als Rabbiner in der westungarischen Stadt Csurgó auf. Neben dieser Tätigkeit als Geistlicher unterrichtete er auch am Gymnasium, schrieb Artikel, die regelmäßig in der Zeitung Csurgó és Vidéke [Csurgó und Umgebung] erschienen (Bild 2-3). Auch seine ersten Ansprachen erschienen hier im Druck[3]. Hier in Csurgó heiratete er die aus der Stadt Szigetvár stammende, sehr gebildete Regina Ehrenfeld, die mit ihrem Auftreten und ihrer Bescheidenheit zu seiner würdigen Gefährtin wurde[4].

1895 wurde er nach Lugos (heute: Lugoj, Rumänien) versetzt. In dieser Zeit wurde in Újpest, direkt bei Budapest gelegen, das eine außerordentlich rasche Entwicklung nahm, die Stelle des Rabbiners an der neu erbauten Synagoge ausgeschrieben, die Zahl der hier lebenden Juden war auch im Landesmaßstab bedeutend. Von den 20 bis 25 Bewerbern fiel die Wahl auf Ludwig Venetianer. Seine Amtseinführungsansprache hielt er am 21. Juli 1896[5]. (Bild 4)

Aus den detaillierten Berichten in der damaligen Presse von Újpest und Budapest geht hervor, daß der neu ernannte Oberrabbiner mit seiner Familie von führenden Repräsentanten der Stadt auf dem Bahnhof mit großer Ehrerbietung empfangen wurde[6, 7, 8]. Von den zu seiner Begrüßung erschienenen Personen möchte ich den Vorsitzenden der Kultusgemeinde Móric Weisz und seine Gattin erwähnen, die meine Großeltern väterlicherseits wurden[9, 10].

Ein guter Beweis für die freundschaftlichen und familiären Beziehungen zwischen dem Vorsitzenden und dem Oberrabbiner der Kultusgemeinde war, daß sie die Paten meines 1901 geborenen Onkels György waren, und daß meine Mutter, Márta, am 29. August 1920 Sándor Varga heiratete[11]. Sie wurden in der Synagoge von Újpest in Anwesenheit der Budapester Rabbinerschaft von dem Vater, dem Oberrabbiner Ludwig Venetianer, und von den Oberrabbinern Simon Hevesi und Gyula Fischer gesegnet. Ludwig Venetianer vertrat konsequent beinahe 26 Jahre hindurch auf der Kanzel, im öffentlichen Leben und im Privatleben die konservative Richtung.

Er erzog seine Kinder zur Bescheidenheit, und dazu, daß im Leben das Wichtigste das Wissen ist. Auf eine damals noch nicht übliche Art und Weise ließ er alle drei seiner Töchter studieren (Bild 5). In Újpest konnten die Mädchen im zweiten Jahrzehnt des 20. Jahrhunderts nur die Hauptschule besuchen, deshalb gingen sie in Budapest auf das Gymnasium und studierten dann später an der Universität. Meine Großmutter verstarb nach 22 Ehejahren in jungem Alter. Ihre Tochter Ilona, bekannter unter ihrem Künstlernamen „Vaály", absolvierte die Musikakademie als Lehrerin für Klavier und Gesang. In der Zwischenzeit erwarb sie auch ein Diplom an der Schauspielschule von Szidi Rákosi. In den 1930er Jahren war sie eine im ganzen Land gefeierte Schauspielerin und Mitglied des Király-Theaters.

Später spielte sie in Italien, wo sie ein Operettenensemble organisierte und dadurch das Ansehen der ungarischen Schauspielkunst vermehrte. Die Kriegsjahre verbrachte sie in Budapest. Nach dem Zweiten Weltkrieg war sie Mitglied des József-Katona-Theaters in Kecskemét. Die Tochter Piroska wollte Kinderärztin werden, wurde dann aber Chirurgin; Márta wurde Apothekerin. Der Sohn György studierte in Deutschland. Nach der Reifeprüfung konnte er wegen des *Numerus clausus,* eine für Juden eingeführte Zugangsbeschränkung, in Budapest nicht an der Technischen Universität immatrikuliert werden. Meinen Großvater traf dies sehr empfindlich. Nach dem Abschluß seines Studiums promovierte er in Pécs und wurde Forschungsingenieur bei den Glühlampenwerken Egyesült Izzó. Im Dezember 1942 verstarb er, nachdem er zum waffenlosen Arbeitsdienst, dem militärischen Zwangsarbeitsdienst für vom ungarischen Staat Diskriminierte und Verfolgte, bei der Armee eingezogen worden war. Seine Enkelin Éva, die Tochter von Márta, wurde 1921 in Újpest geboren. Sie war Juristin. Sie verstarb 1980 in Budapest.

Die Tätigkeit von Ludwig Venetianer hing eng mit der Herausbildung der kulturellen Einrichtungen der Stadt Újpest zusammen. Er gehörte der Stadtverordnetenversammlung als Mitglied an. Er hat sich unvergängliche Verdienste erworben um die Gründung des Vereins der Kaufleute und Handwerkergesellen, des Allgemeinen Israelitischen Kulturvereins, des Kindergartens, der israelitischen Volksschule, der Pfadfindertruppe Nr. 921 in Újpest, die nach seinem Ableben auch den Namen „Ludwig Venetianer" annahmen.

Neben seiner Berufung und Tätigkeit als Geistlicher waren ihm das Unterrichten und die wissenschaftliche Forschung sehr wichtig.

Er war Professor am Franz-Joseph-Rabbiner-Seminar. Viele erinnerten sich an seine ausgezeichneten Vorlesungen und Vorträge, an seinen schönen ungarischen Stil, an seine Liebenswürdigkeit. Unter ihnen waren der Oberrabbiner László Salgó, der als Student im ersten Jahrgang noch sein Schüler war und Professor Sándor Scheiber, der ihn als Gymnasiast mit seinem Vater mehrmals in Újpest besuchte.

Er hatte sich nicht auf den Tod vorbereitet. Er hatte viele fachliche und wissenschaftliche Pläne, als ihn eine unbekannte Krankheit ereilte. Es wurde zu spät erkannt, daß er Rotlauf hatte; es konnte ihm nicht mehr geholfen werden. Zwei Wochen vor Ausbruch der Krankheit hatte er sich auf eine Einladung zu einer Vortragsreise vorbereitet und eine Schiffspassage nach Amerika erhalten.

Beispielgebend für das friedliche Nebeneinanderleben der Religionen und Religionsgemeinschaften ist es, in welch engen wissenschaftlichen, ja sogar freundschaftlichen Beziehungen er zu den Geistlichen aller christlichen Religionsgemeinschaften in Újpest stand. Als ihn im Alter von 55 Jahren ganz unerwartet die tödliche Krankheit ereilte, wurden dem Zeugnis der zeitgenössischen Presse, den Angaben der Archive und den Berichten nach nicht nur in allen jüdischen Synagogen Gottesdienste abgehalten, sondern es wurde auch in der römisch-katholischen Pfarrkirche von Újpest in drei stillen Messen für seine Genesung gebetet. Und als Jahre danach auch der Sitz des reformiert-kalvinistischen Pastors verwaist war und das Presbyterium debattierte, wie man das Erbe von Lajos Mády besetzen könnte, sagte einer von ihnen Folgendes: „Suchen wir uns einen idealen Geistlichen, der so eine Zierde und so ein Stolz unserer Kirchengemeinde sein wird, wie Dr. Ludwig Venetianer es war, der sich die Hochachtung seiner Religion, seiner Stadt, seiner Gesellschaft und der wissenschaftlichen Welt erworben hatte."[12]

Bis zu seinem Tode am 25. November 1922 war er Mitglied des Stadtrates von Újpest. Von den Aufzeichnungen über Újpest im hauptstädtischen Archiv seien nachstehende zitiert:

„Protokoll. Aufgenommen auf der zweiten kontinuierlichen Sitzung der unter Nr. 51077/1922 einberufenen Sitzung der außerordentlichen Stadtratsversammlung von Újpest.

Bürgermeister Dr. Aladár Semsey eröffnet die Sitzung.

Der den Vorsitz führende Bürgermeister gibt vor der Tagesordnung bekannt, daß der edelmütige und hochgelehrte Oberrabbiner der Kultusgemeinde von Újpest, Dr. Ludwig Venetianer, am 25. des laufenden Monats verstorben ist. Er gedenkt der die Sympathie und die Hochachtung aller erweckenden Persönlichkeit und des Auftretens im öffentlichen Leben des Verstorbenen mit herzlichen Worten und schlägt vor, daß der Stadtrat an die Familie des Verstorbenen und an die israelitische Kultusgemeinde eine Beileidsäußerung richten solle ...

... Dr. Sándor Szalay würdigt die Verdienste des Verschiedenen ewigen Angedenkens und stimmt dem Vorschlag des Bürgermeisters im eigenen und im Namen seiner Partei zu, daß die Mitglieder des Stadtrates an der Beisetzung teilnehmen sollen. Der Stadtrat bringt sein Beileid wegen des Verscheidens durch Erheben von den Plätzen zum Ausdruck und nimmt den Vorschlag einstimmig an ..."

Seine Beisetzung fand am Dienstag, den 28. November 1922 statt. Die zeitgenössische Presse berichtete, daß er von rund 25.000 Menschen zur letzten Ruhe begleitet wurde. Am Tag der Bestattung waren die Geschäfte in Újpest geschlossen, in den Schulen war kein Unterricht, die Straßenlaternen waren mit Trauerflor verziert. Über die Beisetzung gab Andor Kellér in der Nummer vom 2. Dezember 1922 der jüdischen Wochenzeitung „Egyenlőség" [Gleichheit] einen detaillierten Bericht:

„An der Trauerfeier in der Synagoge ließen sich sämtliche jüdischen und christlichen Gemeinden vertreten. Die Chorsänger wurden aus den Mitgliedern des Chores der Ungarischen Staatsoper ausgewählt. Im Gymnasium und in den Schulen wurde nicht unterrichtet; die Lehrer und die Schüler, auch die Vertreter der öffentlichen und gesellschaftlichen Institutionen waren anwesend. Das Budapester Rabbinat erschien vollzählig, an der Spitze die beiden Oberrabbiner Gyula Fischer und Simon Hevesi. Der Lehrkörper des Franz–Joseph–Rabbiner-Seminars, der Landesvorstand der Jüdischen Kultusgemeinde in Budapest und auch die Rabbiner aus dem ganzen Lande waren in großer Zahl erschienen, sowie der Parlamentsabgeordnete Gyula Fábián und der Stadtrat unter der Leitung von Bürgermeister Dr. Aladár Semsey. (Bild 6)

Einige Ausschnitte aus den Reden bei der Beisetzung:

Dr. Lajos Blau, der Rektor des Rabbinerseminars, betonte: „Sein tragischer Tod stellt für seine getreuen Freunde in großer Zahl, für den Humanismus, für das ungarische Judentum und für die ungarische Kultur, deren begeisterter Befürworter und Verbreiter er war, einen großen Verlust dar."

Lajos Blau verabschiedete sich auch im Namen des Rabbinerseminars von dem großen Toten des ungarischen Judentums: „Er war eine große unterrichtende Seele, die die Jugend liebevoll lehrte... Er verließ uns im Zenit seines Lebens in voller Schaffenskraft."

József Bánóczy: „Er war seiner Familie, seinen Freunden und seiner Arbeit treu."

Dr. Miksa Klein, Professor am Rabbinerseminar, gedachte des jüdischen Gelehrten: „Seine Leistungsfähigkeit beim Arbeiten war so gut, daß er neben seiner vielseitigen Inanspruchnahme als ungarischer Rabbiner, die er sorgfältig versah, sich zum Wissenschaftler der Wissenschaft des Judentums von europäischem Rang weiterbilden konnte, dessen Name und Ruf in all den Zentren bekannt ist, wo die jüdische Wissenschaft geachtet wird...

Seine Vorbilder waren Vilmos Bacher, Immanuel Lőw und Lajos Blau. Sein wissenschaftliches Schaffen übte er zum Besten des Judentums und zur Ehre des Ungartums aus. Er lernte und arbeitete, forschte unermüdlich. Wenn der Tag dazu nicht reichte, nahm er die Nächte hinzu..."

Gyula Fischer: „Venetianer ist nicht mehr da, er ist von uns gegangen. Er, die Zierde seiner Gemeinde, die Perle seiner Freunde, der Wissenschaftler, der Verkünder der göttlichen Lehren mit prophetischer Beseelung. Zahlreiche Gattungen der Wissenschaften waren ihm vertraut; er war ein großer Kenner der Bibel, ein Erforscher des Talmuds, ein Vorreiter der Assyrologie mit leuchtendem Verstand, der gründliche Kenner der europäischen jüdischen Gemeinschaften und Rechtsverhältnisse. Sein letztes Werk, die „Geschichte des ungarischen Judentums" wurde mit großer Anerkennung erwähnt und gewürdigt."

Simon Hevesi nahm im Namen des Rabbinats Abschied: „Mit großem Interesse wandte er sich der Angelegenheit des ungarischen und des allgemeinen Judentums zu..."

Adolf Arányi dankte im Namen der Chewra Kadisha und Dr. Ödön Kálmán im Namen des Judentums von Újpest für die edle Arbeit, die von Venetianer 26 Jahre hindurch in Újpest geleistet wurde. Der Rabbiner von Nagykanizsa, Ernő Winkler, nahm im Namen der Schüler beredsam

Abschied, dann nahmen die Rabbinerzöglinge den Sarg auf ihre Schultern und trugen ihn auf den Friedhof. (Bild 7)

Auf dem Friedhof, vor dem Katafalk, hielt Aladár Semsey, der Bürgermeister der Stadt Újpest, seine Trauerrede: „Lieber Bruder Venetianer, durch Deinen Tod hat nicht nur Deine Kultusgemeinde, sondern die Öffentlichkeit der ganzen Stadt Újpest ein unersetzlicher Verlust getroffen. Diese Stadt hat in Dir einen ihrer edelsten Söhne verloren. Du weißt es, daß wir jetzt mit glühendem Schmerz Deinen Sarg umgeben. Wir achten Dich jetzt, genau so wie wir Dich geachtet und geschätzt haben. Du warst begeistert vom Guten, Du warst immer ein edler Mann von den Besten. Wir werden Deiner immer gedenken und gestatte es uns, daß ich Dir auch in meinem eigenen Namen meinen Dank ausspreche, der Du mir so viel geholfen hast, zusammengearbeitet hast zum Wohle der eines besseren Schicksals würdigen Bevölkerung. Sei Dir Deine Ruhe angenehm, Amen."

József Borsodi, Rabbiner aus Kecskemét: „ Ich komme aus der berühmten Stadt der Großen Tiefebene, wo Du Deine glücklichen Kinderjahre verbracht hattest, von wo Du Dein glühendes Ungartum und Deine tiefe Religiosität mit Dir gebracht hattest. Gott sei mit Dir!"

Béla Fábián, Abgeordneter der Nationalversammlung: „Du warst die Ehrlichkeit in Person, Geistlicher Deiner Religion, getreuer Sohn Deines Vaterlandes. Wir versprechen es Dir, daß wir in Deinem Geiste kämpfen werden, wenn wir für die Herrschaft der Liebe, für unseren Glauben, für unsere Integrität, für den ewigen Frieden kämpfen." (Bild 8)

Vielleicht beweisen es diese wenigen herausgegriffenen Zitate, was Ludwig Venetianer als Rabbiner, als Gelehrter, als Theologieprofessor, als Unterstützer und Tröster der Armen und Waisen, als einer der Begründer und Erbauer des kulturellen Lebens der damals noch selbständigen Stadt Újpest war. So ist es verständlich, daß die Stadt Újpest bereits 16 Tage nach seiner Beisetzung den Beschluß faßte, eine Straße nach ihm zu benennen.

Im Protokoll der ordentlichen Sitzung der Stadtverordnetenversammlung der Stadt Újpest ist am 14. Dezember 1922 unter Punkt 26 der zusätzlichen Tagesordnung zu lesen:

„Betr.: Selbständiger Vorschlag von Dr. Sándor Szalay in bezug auf die Benennung einer Straße nach Ludwig Venetianer." (Bild 9)

„Stadtdirektor Pál Hess schlägt im Namen des Stadtrates vor, daß, da die Beschlußfassung über die Benennung der Straßen aufgrund § 28 der Statuten in den Kompetenzbereich des Rates fällt, der Stadtrat mit der Abwicklung des Verfahrens beauftragt werden soll. Gefaßter Beschluß: Das Stadtparlament nimmt den Vorschlag des Rates einstimmig an und überträgt dem Stadtrat die Durchführung des Vorschlages."[13]

Gyula Fischer nimmt im März 1923 in der Zeitschrift „Magyar Zsidó Szemle" [Ungarische Jüdische Rundschau] Abschied von Ludwig Venetianer. Es erscheint die Studie von Salamon Halpert mit dem Titel

„Venetianer Lajos élete és munkássága" [Leben und Schaffen von Ludwig Venetianer].[14]

Dr. Ernő Winkler war ein Lieblingsschüler meines Großvaters. In seiner Abhandlung „Ludwig Venetianer 1867-1922" anläßlich des 60. Geburtstages gedenkt er des Rabbiners, des Professors, des Gelehrten und des Menschen.[15]

Fünf Jahre nach dem Tode von Ludwig Venetianer erfolgte im April 1927 in Újpest die Amtseinführung von Oberrabbiner Dr. Dénes Friedmann. Die Festansprache wurde von Dr. Lajos Blau, dem Rektor des Rabbinerseminars gehalten. „Wie wir gemeinsam trauerten, als der vorbildliche Geistliche der Kultusgemeinde, der unvergeßliche Ludwig Venetianer, für immer von uns gegangen war, so freuen wir uns jetzt gemeinsam, wenn der verwaiste Stuhl einen neuen Inhaber findet" Dénes Friedmann erinnerte in seiner Antrittsrede daran, daß er bei Ludwig Venetianers Beisetzung zum ersten Mal hier war. „Schwarz war der Tempel von Menschen, war doch die edle Seele ausgekühlt, die alle liebten, die von Groß und Klein der Kultusgemeinde betrauert wurde. Schwer ist der Weg, auf dem ich das Erbe des vorbildlichen Geistlichen antrete, ich verspüre die ganze Last der Verantwortung. Tief in meiner Seele hat sich das Bild des idealen Seelsorgers eingeprägt".[16]

Meine Eltern zogen im Jahre 1924 nach Budapest, doch bis zum Tode meiner Großmutter väterlicherseits verbrachten wir die großen Feiertage in Újpest, wo die Erinnerung an die von Dénes Friedmann gehaltenen Gottesdienste bis heute in mir lebt, der als getreuer Seelsorger das Újpester Judentum begleitete, viele davon auf die letzte Reise.[17] Die vom ungarischen Landesoberrabbiner József Schweitzer gehaltenen Gottesdienste in der Synagoge des Rabbinerseminars beschwören in mir bis heute die Erinnerungen an Újpest herauf.

Anläßlich des 50. Jahrestages des Holocausts wurde im Juni 1994 vom Klub der Újpester Intellektuellen und des Stadtschützervereins von Újpest im Festsaal des Rathauses von Újpest eine feierliche Gedenkveranstaltung abgehalten. Die Tatsache, daß auch Bürgermeister Tamás Derce eine erinnernde Festrede hielt, daß die Chöre der verschiedenen Religionsgemeinschaften teilnahmen, beweist, daß der Gemeinderat und die Bevölkerung von Újpest Bewahrer und Pfleger der demokratischen Traditionen sind. Auch früher wurde kein Unterschied wegen der religiösen Zugehörigkeit der Bürger gemacht. Die Bevölkerung liebte ihre Stadt, ihre ungarische Heimat und arbeitete viel für ihren geistigen Aufschwung und für den Wohlstand ihrer Bürger. Anläßlich der Gedenkveranstaltung wurde in der seit 1922, seit seinem Ableben nach ihm benannten „Lajos Venetianer utca (Ludwig-Venetianer-Gasse)" eine Gedenktafel angebracht. (Bild 10-11)

Diese erinnert die heute lebende Generation daran, daß er von 1896 bis 1922 Oberrabbiner der Stadt Újpest, Leiter der zahlenmäßig großen jüdischen

Gemeinde der Stadt war, der durch seine Sanftmut, seine Wohltätigkeit, seine Tätigkeit im öffentlichen Leben der Stadt Újpest sehr angesehen war, dessen Unterrichtstätigkeit in der Rabbinerausbildung sehr anerkannt wurde. Durch seine umfassende religionsgeschichtliche Tätigkeit wurde er auf der ganzen Welt bekannt.[18] Seine Werke sind in Budapest in der Széchényi Nationalbibliothek, in der Bibliothek der Ungarischen Akademie der Wissenschaften, der Bibliothek der Budapester Lóránd Eötvös Universität, in der Bibliothek des Landesrabbinerseminars der Budapester Jüdischen Universität, in der Parlamentsbibliothek, in der Ervin Szabó Bibliothek, in Israel im „Memorial Museum of Hungarian Speaking Jewry", sowie in vielen öffentlichen Bibliotheken der Welt zu finden.

Es gibt kein ungarisches Lexikon, in dem sein Name nicht zu finden wäre. Rund 170 wissenschaftliche Arbeiten sind von ihm in ungarischer und in deutscher Sprache erschienen.

Hervorzuheben in den 1950er Jahren ist der Artikel von Dr. Jakab Teichmann, damals noch Oberrabbiner von Újpest, in der Zeitung „Új Élet" [Neues Leben, 1952]: „Emlékezés Venetianer Lajosra, halálának harmincadik évfordulóján (Erinnerung an Ludwig Venetianer, am 30. Jahrestag seines Todes)".

Nach der Schließung des jüdischen Friedhofes in Újpest wurden seine sterblichen Überreste 1967 auf den jüdischen Friedhof in Budapest, Rákoskeresztúr, Kozma u. 6, überführt und dort in der Parzelle der Rabbiner beigesetzt. Die Gedenkrede wurde von Sándor Scheiber gehalten: „ Seine freien Stunden verwendete er nicht zur Erholung, sondern zur Forschungsarbeit am Schreibtisch. Die Gebiete seiner vertieften Arbeit waren die Assyrologie, die Christologie, die Philosophie und die Geschichte. Bis zur Gegenwart hält unsere Wissenschaft die reife Ernte seines Schaffens in Evidenz und zitiert sie: seine die jüdischen Bezüge der kirchlichen Liturgie erforschenden Studien, seine Bücher, in denen er die Organisation des europäischen Judentums und die Geschichte der ungarischen Juden darstellte, sowie seine Monographie, in der er die Termini und Quellen des ersten jüdischen Arztes untersuchte. Sein Wissen vermittelte er in Vorlesungen und Vorträgen einer ganzen Generation nachfolgender Rabbiner; auf ihren Lippen erwachen seine Worte zu neuem Leben. So lange nur ein einziger Wissenschaftler seinen Namen niederschreibt, wird die Erinnerung an ihn bleibender als Marmor fortleben."[19, 20]

In den Jahren 1986 - 1988 begann ich unter Verwendung des 1923 von Salamon Halpert zusammengestellten bibliographischen Verzeichnisses in den ungarischen Fachbibliotheken, im hauptstädtischen und im jüdischen Archiv die wissenschaftliche Tätigkeit von Ludwig Venetianer zu erforschen und die ihn behandelnden Artikel zu sammeln.[21]

1989 stellte ich das bis dahin gesammelte Material zusammen und bin auch seitdem bemüht, das Manuskript auf dem neuesten Stand zu halten und es um die neuesten Angaben zu ergänzen. Die Handschrift besteht aus 5 Kapiteln auf 26 Seiten aus den Jahren 1890 – 1922: I. Selbständig erschienene Arbeiten, II. In Lexika und Sammelbänden erschienene Publikationen, III. Reden, IV. Vorträge, V. Abhandlungen, Artikel, Rezensionen.

Es ist interessant, daß er z.B. für die Bände II-XII der Jewish Encyclopaedia die Wortartikel über 134 verschiedene ungarische Wissenschaftler und Künstler in englischer Sprache verfaßt hatte.[22]

17 seiner Publikationen sind in deutscher Sprache erschienen.[23]

1971 erschien an der Givat Ram Universität in Jerusalem in einer Reprintausgabe seine in hebräischer Sprache geschriebene Dissertation mit einem deutschen Resümee.[24]

1986 wurde sein letztes Werk „A magyar zsidóság története" [Die Geschichte des ungarischen Judentums] leider gekürzt und mit einem Vorwort, das des Buches nicht würdig ist, wieder aufgelegt.

Im Juni 1997 zitierte Károly Tóth in seiner unter dem Titel „Zsidóság-Kereszténység-Iszlám közös etikai tanítása" [Die gemeinsame ethische Lehre des Judentums, des Christentums und des Islams] erschienenen Abhandlung im Themenkreis des Judentums aus den Büchern von Ludwig Venetianer „A magyar zsidóság története a honfoglalástól a világháború kitöréséig" [Die Geschichte des ungarischen Judentums von der Landnahme bis zum Ausbruch des Weltkrieges] (Budapest, 1922) und „A zsidóság eszméi és tanai" [Die Ideen und Lehren des Judentums] (Újpest, 1926, 3. Aufl.).[25]

Im Jahre 1998 erschien das Werk „Zsidó Erkölcs" (Jüdische Moral) von Ludwig Venetianer als Band 4 der Jüdischen Bücherei, herausgegeben von András Kepets. Der Originaltitel des Werkes ist auf Seite 4 des Bandes zu finden: „Zsidóság eszméi és tanai" [Ideen und Lehren des Judentums].

Im Jahre 2003 wird die Reprintausgabe von Ludwig Venetianer „Jüdisches im Christentum" im Peter W. Metzler Verlag in Duisburg in Deutschland erscheinen.

Im Literaturteil der Zeitschrift „Ungarische Jüdische Rundschau" entstand 1912 die Idee, Serien einzuleiten, die von der Vergangenheit der Juden und der jüdischen Religion im populärwissenschaftlichen Stil ein der Wahrheit getreues Bild darstellen.

Die „Volksschriften über die israelitisch-jüdische Religionsgeschichte" wurden vom Karlsbader Rabbiner Dr. Ignaz Ziegler im Jahre 1912 angekündigt.

Auf sein Ersuchen hatten 60 Wissenschaftler und Schriftsteller aus der Alt- und Neuwelt ihre Mitwirkung versprochen, wozu die Unterstützung von einem Wiener Mäzen erboten wurde.

Dr. Ignaz Ziegler plante für die kommenden 10 Jahre das Erscheinen von 80 Schriften mit einem Umfang von etwa je 3 - 4 Bogen. Es wurde angekündigt, daß im ersten Jahrgang 1912-1913 sieben Studien veröffentlicht werden sollten. Die Namen der Verfasser und die Titel der Studien wurden bekanntgegeben: „Nummer 5 - Ludwig Venetianer (Neupest): Jüdisches im Christentum."[26]

Wir, die Familie, fühlen uns geehrt, daß die Reprintausgabe dieser Studie erscheinen kann, und daß ich sein Leben, seine Tätigkeit und die Epoche bekanntmachen kann, in welcher er die Gelegenheit gehabt hatte, seine Persönlichkeit zu entfalten. Da ich das gesamte wissenschaftliche Schaffen des kurz bemessenen Lebens meines Großvaters kenne, vertraue ich darauf, daß seine Werke von bleibendem Wert wieder aufgelegt werden.

Als Enkeltochter, die von Beruf Museologin ist, halte ich es innerhalb der gegebenen Möglichkeiten für meine Pflicht, das zur Verfügung stehende handschriftliche und gedruckte Material, die über sein Schaffen geschriebenen Meinungen der Fachleute zu bearbeiten. Ich spreche meinem Mann, Miklós Udvardi, ohne den ich die Bewahrung der Erinnerung an Ludwig Venetianer und die Bearbeitung seines Schaffens nicht hätte durchführen können, meinen Dank aus.

Die Erinnerung an Ludwig Venetianer wird mit großer Verehrung und Liebe von seinen Enkeln, in Ungarn von Marianna Varga (Frau Varga, Tochter von Márta Venetianer), in Israel von Judit Pápai (Katalin Venetianer, Tochter von György Venetianer) und von seinen Urenkeln bewahrt.

Budapest, den 17. Mai 2001.
Marianna Varga

ANMERKUNGEN

[1] Albert Venetianer (Liptószentmiklós, 5. April 1831 – Szeged, 1897), seine Ehefrau Regina geb. Stern (geb. vermutlich im Komitat Tolna im Jahre 1829, verstorben 1892 in Szeged). Sie ruhen auf dem jüdischen Friedhof in Szeged.

[2] Seine Geschwister waren: Sándor (Alexander), Janka, Katalin (Katharina), Adolf, Lina (Karolina), Flóra

[3] L. V.: Az isteni szövetség [Der göttliche Bund]. Ansprache anläßlich seiner Amtseinführung. Dr. L. V. hielt sie am 27. Mai 1892 als Bezirksrabbiner im Tempel der Israelitischen Kultusgemeinde von Somogy-Csurgó. Csurgó, 1892 (16)

[4] Kibékülés az élettel és halállal [Frieden mit dem Leben und dem Tod]. Ansprache, gehalten von Rabbiner Dr. Ludwig Venetianer am 27. Mai 1893 in der Synagoge der israelitischen Kultusgemeinde Szigetvár.
(Für meine Frau zur Erinnerung an den 28. Mai 1893)
Somogy-Csurgó, 1893. Druckerei von Gyula Vágó (15)

[5] „A három őrség" [Die drei Wachen]. Amtseinführungsansprache. Gehalten von Dr. L. V. in Újpest am 21. Juli 1896 / In: Magyar Zsinagóga [Ungarische Synagoge]. I. 2. (333-342) Budapest, 1900

[6] In: Újpesti Napló, 1896

[7] in: Egyenlőség, 1896

[8] Dr. Ernő Winkler: Venetianer Lajos 1867-1922 In: „Magyar Zsidó Szemle" (Ungarische Jüdische Rundschau), 1927 (S.293) (77) In den Sonderdrucken fand ich zwei unterschiedliche Seitennummerierungen vor. (Anmerkung der Autorin)

[9] Der Lederfabrikant Móric Weisz. Sein Vater hatte die Firma unter dem Namen Armin Weisz und Söhne gegründet. Seine Vorfahren waren als Gerber nach Újpest gekommen. Sie spielten eine bedeutende Rolle beim Bau des Tempels.

[10] Mitglieder der Israelitischen Ungarischen Literarischen Gesellschaft (IMIT): Armin Weiss und Söhne. Újpest (478) Die Israelitische Ungarische Literarische Gesellschaft. Jahrbuch. Budapest 1895

[11] Móric Weisz ließ den Familiennamen seiner Söhne im Jahre 1911 auf Varga magyarisieren.

[12] Dr. Ernő Winkler op. cit. (291) (75)

[13] Hauptstädtisches Archiv, 302 pp. 55197 Ergänzung
Hauptstädtisches Archiv, 233 hgy. 1922

[14] „Magyar Zsidó Szemle" [Ungarische Jüdische Rundschau] Jg. LX. Budapest, Januar-März 1923 Gyula Fischer (2-3) Salamon Halpert (3-9)

[15] Dr. Ernő Winkler op. cit. (291-297) (75-81) In den Sonderdrucken fand ich zwei unterschiedliche Seitennummerierungen vor. (Anmerkung der Autorin)

[16] In: Egyenlőség, 1927

[17] Meine Eltern und ihre ausgedehnte Verwandtschaft schätzten Dénes Friedmann sehr. Mit meiner Mutter und ihren Geschwistern nahmen wir bis zum 19. März 1944 regelmäßig an den Veranstaltungen des Venetianer-Bildungszirkels teil.

[18] In Wien hatte der Vorstand der Israelitischen Kultusgemeinde im Jahre 1914 das Amt des zu ernennenden Oberrabbiners ausgeschrieben, dazu wurde auch Ludwig Venetianer eingeladen. Die Vorträge wurden im Festsaale des Ingenieur- und Architekten-Vereines in Wien abgehalten. Mit seinem im Februar 1915 in deutscher Sprache gehaltenen und nachstehend angeführten Vortrag errang er den ersten Platz. Er bedankte sich für die Einladung als Bewerber für das Amt des Wiener Oberrabbiners mit der Bemerkung, daß er seine Tätigkeit auch weiterhin in seiner Heimat als Rabbiner der Kultusgemeinde in Újpest, als Professor des Rabbinerseminars und als Historiker fortsetzen wolle.
„Die Messiashoffnung des Judenthums"
Vortrag über Einladung des Vorstandes der Wiener Israelitischen Kultusgemeinde am 18. Februar 1915 im Festsaale des Ingenieur- und Architekten-Vereines. Gehalten von Dr. L. V. (15)
Druck: Budapest von Samuel Márkus

[19] In: „Új élet" [Neues Leben], 15. August 1967 (2.)

[20] Anfang der 80er Jahre erschien in einer israelischen Zeitung fälschlich:
„ Nach seinem Tod wurde auf seinen im Testament enthaltenen Wunsch sein Leichnam nach Budapest überführt und dort beigesetzt."

[21] Halpert, Salamon: Venetianer Lajos élete és munkássága [Leben und Schaffen von L. V.] Biographische Angaben.
In: „Magyar Zsidó Szemle" [Ungarische Jüdische Rundschau] LX, 1923 (3.-10.)

[22] V. L. „war Mitarbeiter der Bände II-XII". New York und London, 1902-1906

[23] In deutscher Sprache erschienene Studien:

Saitschik R.: Beiträge zur Geschichte der rechtlichen Juden namentlich im Gebiet des heutigen Oesterreich-Ungarn vom zehnten bis sechzehnten Jahrhundert. Frankfurt a.M. M.ZS.SZ. [Ungarische Jüdische Rundschau] VIII. (269-273) Budapest, 1891, April Nr.4.
Herausgeber: Dr. Lajos Blau – Dr. Ferenc Mezey

Das Buch der Grade von Schemtob B. Joseph Ibn Falaquera. Nach Handschriften herausgegeben und mit einer Einleitung versehen von Dr. L. V., Bezirksrabbiner und Gymnasial-Professor in Csurgó. Berlin, Verlag Calvary 1894. Photomechanischer Nachdruck der deutschen Ausgabe. Jerusalem, 1971, Makor 84. (XXVII.)

Die Eleusinischen Mysterien im jerusalemischen Tempel. Populärwissenschaftliche Monatsblätter, 1897. Auch als Sonderdruck.

Ezekiels Vision und die salomonischen Wasserbecken. Budapest, 1900, 40. Friedrich Kilian Nachfolger Kön. und Universitätsbuchhandlung. Druck: Márkus.

Monatsschrift für die Wissenschaft vom vorderen Orient und seine Beziehungen zum Kulturkreis des Mittelmeeres. Herausgegeben von Felix E. Preiser.

Hardupanim. In: Orientalistische Litteratur Zeitung. Berlin, Akademie Verlag.
Siebenter Jahrgang, 1904. (238) Unveränderter Nachdruck, Leipzig, 1967.

Zur Bezeichnung der vier Weltgegenden. Orientalistische Litteratur Zeitung. Berlin, Akademie Verlag. Achter Jahrgang. 1905. (115-116.)

Jüdische Apologetik. In: Allgemeine Zeitung des Judentums. Leipzig, 1907.

Ursprung und Bedeutung der Propheten-Lektionen. Zeitschrift der Deutschen Morgenländischen Gesellschaft. Dreiundsechzigster Band. (103-170) Leipzig, 1909. Auch als Sonderdruck.

Dr. Bloch. in: Österreichische Wochenschrift für Wissenschaft, Kunst und öffentliches Leben. Wien, 1912.

Über die Ursachen des Mangels an Rabbinergrößen in Österreich und Ungarn. In: Österreichische Wochenschrift für Wissenschaft, Kunst und öffentliches Leben. Wien, 1912.

Jüdisches im Christentum. Frankfurt a. M., 1913. Kauffmann, I. Jahrgang, V. Heft (82) 18 cm. Volksschriften über die jüdische Religion

Einige Worte über Pestalozzi und die singende Weise des Talmudlernens. (Auch in ungarischer Sprache erschienen.) Freie Jüdische Lehrstimme, 1913.

Psalm in der synagogalen Liturgie. In: Monatsschrift für Geschichte und Wissenschaft des Judentums. Achtundfünfzigster Jahrgang. Neue Folge. Zweiundzwanzigster Jahrgang. Breslau, Koebner'sche Verlagsbuchhandlung, 1914. (113-114.)

Asaf Judaeus. Der aelteste medizinische Schriftsteller in hebraeischer Sprache. (Druck von Adolf Alkalay und Sohn Nachfolger, Pozsony / Pressburg). 38. Jahresbericht der Landes-Rabbiner Schule in Budapest. Für das Schuljahr 1914-1915; 1915-1916; 1916-1917. I. Teil. 1915 (1-60) II. Teil. 1916 (55-124) III. Teil. 1917 (125-186)   Asaf Judaeus. Straßburg, Carl Trübner 1917-18.

Die Messiashoffnung des Judenthums. Vortrag über Einladung des Vorstandes der Wiener Israelitischen Kultusgemeinde am 18. Februar 1915 im Festsaale des Ingenieur- und Architekten-Vereines (15) Druck: Budapest von Sámuel Márkus.

El sa Gaddaj. In: Zeitschrift für Assyrologie. 1917.

[24] Das Buch der Grade von Schemtob B. Joseph Ibn Falaquera. Nach Handschriften herausgegeben und mit einer Einleitung versehen von Dr. L. V., Bezirksrabbiner und Gymnasial-Professor in Csurgó. Berlin, Verlag Calvary 1894 / Photomechanischer Nachdruck der deutschen Ausgabe, Jerusalem, 1971, Makor 84

[25] „Ökumenikus tanulmányi füzetek" [Ökumenische Studienhefte] Nr. 15, Juni 1997
Auf den Rat von Dr. József Schweitzer wurde ich von Dr. Károly Tóth, reformiertem Bischof im Ruhestand, dem Vorsitzenden des Ökumenischen Studienzentrums, aufgesucht, der für seine geplante Studie aus den Büchern von Ludwig Venetianer eine Auswahl treffen wollte.

[26] Irodalmi Szemle (Literatur Rundschau) Magyar Zsidó Szemle (Ungarische Jüdische Rundschau) XXIX.2.(149-153) Budapest, April 1912.
Dr. Ignaz Ziegler (Karlsbad 1912, Böhmen – heute Karlovy Vary)
Dr.Ignaz Ziegler (1861, Alsókubin / Dolny Kubin - 1948 Jerusalem) studierte in Budapest am Franz-Joseph-Rabbiner-Seminar und setzte später seine Studien an der Budapester Péter Pázmány Universität fort. Er war von 1889 – 1940 Hauptrabbiner in Karlsbad.
Seven of the Years Jewish. 1877-1947, Editor by Samuel Löwinger Budapest.
Attribute to the seventieth anniversary of the Jewish Theological Seminary of Hungary.

EMLÉKEZÉS VENETIANER LAJOSRA

Venetianer Lajost, unokájaként már csak édesanyám és családom elbeszéléseiből, a birtokomban lévő nagyszámú tudományos adatból, feljegyzésekből és a megjelent műveiből ismerhettem meg, azt, hogy mit adott mint zsidó pap és tudós a magyar és az egyetemes kultúrának - valamint az orientalista tudományokkal foglalkozóknak. Újpesten szinte folklórizálódtak azok a történetek, amelyek az önzetlen, rendkívüli szociális érzékkel megáldott emberről szóltak, aki egész életén át azon fáradozott, hogyan segítsen a rászorult emberek támogatásában, nem feledkezve el szellemi fejlődésük elősegítéséről. (1. kép)

Néprajzkutató muzeológusként Scheiber Sándor biztatására - útmutatásai alapján - mintegy 15 esztendeje kezdtem a rendelkezésemre álló, valamint a könyvtárakban és a levéltárakban fellelhető művek, feljegyzések ismeretében életének, munkásságának rövidre szabott idejével foglalkozni. Kötelességemnek éreztem emléke megőrzését, hiszen kisgyermekkoromtól úgy élt a lelkemben, mintha mindig a közelemben lett volna.

Kecskeméten 1867. május 19-én született. Itt volt dédapám Venetianer Albert rabbihelyettes,[1] dédanyám Stern Regina pedig egy szűrszabó lánya. Heten voltak testvérek.[2] Legidősebb bátyja, Sándor, papnak készült, de külföldi tanulmányútja során eltávolodott a család vallásos hagyományaitól és református lelkész lett. Dédszüleim, miután megszakították kapcsolatukat fiúkkal és az ősi szokás szerint meggyászolták, Szegedre költöztek, ahol dédapám Lőw Immanuel mellett folytatta hivatását.

Nagyapám – legkisebb gyermekként – a kecskeméti Piarista Fiúgimnáziumban végezte el az alsó négy osztályt. Budapesten a Rabbiképző Intézetben 1881-ben folytatta gimnáziumi tanulmányait. Érettségi után felsőfokú végzettséget is itt nyert (Ferenc József Rabbiképző Intézet). Közben a Pázmány Péter Tudományegyetemen német-magyar szakot hallgatott, 1891-ben doktorált, 1892-ben avatták rabbivá.

Ezek után néhány hónapig gyakornokként Lőw Immanuel szolgálatába állt, majd 1893-ban Csurgón kezdte meg papi működését. Hivatása teljesítése mellett a Csurgói Gimnáziumban tanított és írásait a Csurgó és Vidéke című újság rendszeresen közölte (2.-3-kép). Első beszédei nyomtatásban itt jelentek meg.[3] Csurgón kötött házasságot a szigetvári származású, nagy műveltségű Ehrenfeld Reginával, aki megjelenésével, szerénységével méltó hitvese lett.[4]

1895-ben Lugosra (Lugoj, Románia) helyezték. Ebben az időszakban, a Budapest közvetlen közelségében lévő, hatalmas fejlődésnek indult Újpesten országos viszonylatban is nagy létszámú zsidóság újonnan felépített zsinagógájának leendő vezető rabbijára pályázatot írtak ki.

A 20-25 jelentkező közül Venetianer Lajosra esett a választás. Székfoglaló beszédét 1896. július 21-én tartotta.[5] (4.kép)

A korabeli sajtó részletes beszámolójából tudjuk, hogy 1896-ban Újpesten, a pályaudvaron a város vezetősége nagy tisztelettel fogadta az újonnan kinevezett főrabbit és családját.[6,7,8] Az üdvözlésre megjelentek közül a hitközség elnökét, Weisz Móricot és feleségét szeretném megemlíteni, akik apai nagyszüleim voltak.[9,10]

A hitközség elnöke és főrabbija közötti baráti-családi kapcsolatot példázza, hogy 1901-ben született György nagybátyám keresztszülei voltak és édesanyám Márta 1920. augusztus 29-én ment férjhez fiukhoz Varga Sándorhoz,[11] akiket az Újpesti Zsinagógában a budapesti rabbikar jelenlétében - az apa - Venetianer Lajos, Hevesi Simon és Fischer Gyula főrabbik áldották meg.

Venetianer Lajos közel 26 esztendőn keresztül bölcs mértékletességével következetesen a konzervatív irányt képviselte a szószéken, a közéletben és a magánéletben. Szerénységre nevelte gyermekeit és arra, hogy az életben a legfontosabb a tudás (5.kép). Még szokatlan módon, mindhárom lányát továbbtaníttatta. Újpesten az 1910-es években a lányok csak polgári iskolába járhattak, így Budapesten jártak gimnáziumba, majd egyetemre. Felesége 22 évi házasság után, fiatalon hunyt el. Lányai: Ilona (művésznevén Vaály) a Zeneakadémián végzett ének-zongoraszakos tanárként, s közben Rákosi Szidi színiiskolában is diplomát szerzett. Az 1930-as évek országosan ünnepelt színművésze volt, a Király Színház tagja, aki operetttársulatot szervezve Olaszországban szerzett hírnevet a magyar színművészetnek. A második világháború éveiben Budapesten élt, utána a kecskeméti Katona József Színház tagja volt. Piroska gyermekorvosnak készült, majd sebész lett, Márta gyógyszerész volt. György fia Németországban tanult, vegyészmérnök volt. A numerus clausus miatt érettségi után nem vették fel Budapesten a Műegyetemre. Nagyapámat ez igen fájdalmasan érintette. Tanulmányai befejeztével Pécsett doktorált és az Egyesült Izzóban lett kutatómérnök, 1942. december 30-én munkaszolgálatosként hunyt el. Éva unokája (Márta leánya) 1921-ben Újpesten született. Jogász volt. 1980-ban Budapesten hunyt el. Venetianer Lajos működése szorosan összefüggött Újpest kultúrális intézményeinek megalakulásával. Újpest Városi Tanács képviselőtestületének tagja volt. Többek között elévülhetetlen érdemei vannak a Kereskedő és Iparosifjak Egylet, az Izraelita Közművelődési Egyesület megalapításában, az óvoda, majd az izraelita elemi iskola és az újpesti 921. számú cserkészcsapat létrehozásában, amelyek halála után Venetianer Lajos nevét is felvették. Papi hivatása mellett élete legfontosabb tevékenységének a tanítást és a tudományos kutatómunkát tekintette. A Ferenc József Rabbiképző Intézet tanára volt. Kitűnő előadásaira, remek szónoki készségére, szép magyar beszédére, kedvességére sokan emlékeztek. Közöttük volt Salgó László főrabbi, aki elsőévesként még hallgatója volt, Scheiber Sándor professzor, aki gimnazistaként édesapjával több alkalommal járt nála Újpesten látogatóban.

Nem készült a halálra, tele volt szakmai, tudományos tervvel, amikor az ismeretlen betegség utolérte. Későn ismerték fel, hogy orbánca volt, amin nem tudtak segíteni. Betegsége előtt két héttel kapta meg hajójegyét Amerikába, ahova felkérésre, egy hosszabb előadókörút megtartására készült.

A történelmi egyházak békés egymásmelletti létezésére napjainkig példamutató, ahogyan az összes keresztény vallásfelekezet papjaival a legszorosabb tudományos, sőt baráti kapcsolatban állott. Amidőn 55 éves korában váratlanul megtámadta a halálos kór, a korabeli sajtó, a levéltári adatok és az elbeszélések szerint nemcsak az összes zsidó templomban tartottak istentiszteleteket, az újpesti katolikus templomban is háromszor hirdettek csendes misét életének megmaradásáért. És amikor évekkel később a református papi szék is elárvult és a presbitérium azon vitázott, hogyan lehet betölteni Mády Lajos örökét, az egyikük így szólt:
"Keressünk egy olyan ideális papot, aki egyházközségének olyan dísze és büszkesége lesz, mint dr. Venetianer Lajos, aki felekezete, városa, társadalma és a tudományos világ megbecsülését szerezte meg"[12]

Újpest város képviselő testületének haláláig - 1922. november 25-ig - volt tagja. A Fővárosi Levéltárban az Újpestre vonatkozó feljegyzések között idézem az alábbiakat:

"Jegyzőkönyv. Felvétetett Újpesten a város képviselőtestületének az 51077/1922 szám alatt egybehívott rendkívüli közgyűlésének második folytatólagos üléséről 1922. november 27-én. Dr. Semsey Aladár polgármester az ülést megnyitja.

"Az elnöklő polgármester napirend előtt bejelenti, hogy az újpesti hitközségnek fennkölt lelkű és tudós főrabbija, dr. Venetianer Lajos f.hó 25-én elhunyt. Meleg szavakkal emlékszik meg az elhunytnak mindenki szeretetét és osztatlan nagyrabecsülését kiváltó egyéniségéről a közéleti szerepléséről és indítványozza, hogy az elhunytnak az emléke a mai ülés jegyzőkönyvében örökítessék meg és hogy a képviselőtestület az elhunyt családjához és az izraelita hitközséghez részvétnyilatkozatot intézzen."

"... Dr. Szalay Sándor méltatván az örökemlékű elhunytnak az érdemeit, a polgármester indítványához maga és pártja nevében hozzájárul azzal, hogy a képviselőtestület tagjai a temetésen vegyenek részt. A képviselőtestület az elhalálozás fölött érzett részvétének felállásával kifejezést adván az indítványt egyhangúlag elfogadja."

Temetése 1922. november 28-án, kedden volt. A korabeli újságok adataiból ismert, hogy mintegy 25.000 ember kísérte utolsó útjára. Temetése napján az újpesti üzletek bezártak, az iskolákban tanítási szünnap volt, az utcai lámpákat gyászfátyollal fedték be. A temetésről Kellér Andor adott részletes tájékoztatót az "Egyenlőség" (a Magyar Zsidóság Politikai Hetilapja) 1922. december 2-i számában.

A templomban a gyászszertartáson valamennyi egyház képviseltette magát. A kórus tagjait az Operaház férfikarából választották ki.

A gimnáziumban és a polgári iskolákban szünetelt a tanítás; a tanárok és a növendékek testületileg ott voltak, de megjelentek a köz- és társadalmi intézmények képviselői is. A budapesti rabbikar teljes létszámban, Fischer Gyula és Hevesi Simon budapesti főrabbik vezetésével, valamint a Ferenc József Rabbiképző Intézet tanári kara, a budapesti Zsidó Hitközség Országos Vezetősége, a vidéki rabbik is nagy számban, Fábián Gyula nemzetgyűlési képviselő és a városi tanács tagjai teljes létszámban dr. Semsey Aladár polgármester vezetésével. (6.kép)

Néhány idézet a temetésen elhangzott szónoklatokból:

Dr. Blau Lajos, a Rabbiképző Intézet igazgatója beszédében hangsúlyozta, hogy "Tragikus halála súlyos veszteség nagyszámú hű barátaira, a humanizmusra, a magyar zsidóságra és a magyar kultúrára, amelynek lelkes hivatott mívelője, terjesztője volt."

Blau Lajos a Rabbiképző Intézet nevében is elbúcsúzott a magyar zsidóság nagy halottjától:

"... nagy tanítói lélek volt, ki szeretettel oktatta az ifjúságot ... élete delén alkotó ereje teljességében hagyott el minket..."

Bánóczy József "...hű volt családjához, barátaihoz és a munkához egyaránt."

Dr. Klein Miksa, a Rabbiképző Intézet tanára a zsidó tudósról emlékezett. „Munkabírása csodálatos volt: hogy a magyar rabbi sokfelé ágazó elfoglaltsága mellett, amelyeket mind kitűnően végzett el, a zsidó tudomány európai stílusú művelőjévé képezte ki magát, kinek híre-neve ismert volt mindama centrumokban, ahol a zsidó tudománynak tisztelete van. Példaképei Bacher Vilmos, Lőw Immanuel és Blau Lajos voltak. Tudományos munkásságát a zsidóság javára és a magyarság dicsőségére fejtette ki... "

" Tanult és dolgozott, kutatott fáradhatatlanul, ha nem telt a napból, hát megtoldotta az éjjelekkel..."

Fischer Gyula: " Venetianer nincs többé, elment, ő, gyülekezetének ékessége, barátainak gyöngye, a tudomány mestere, az isteni tannak prófétai ihlettségű hirdetője ... A tudomány számos fajtája volt ismert előtte; a biblia nagy mestere, a Talmud kutatója, az assziriológia fényes elméjű művelője, európai zsidó közösségek és jogviszonyok alapos tudója." Utolsó művéről a "Magyar Zsidóság Történeté" - ről nagy elismeréssel szólt.

Hevesi Simon a rabbikar nevében búcsúzott. "... igaz érdeklődéssel viseltetett a magyar és az egyetemes zsidóság ügye iránt..."

Arányi Adolf a Chevra Kadisa és dr. Kálmán Ödön az újpesti zsidóság nevében köszönte meg azt a nemes munkát, amelyet Venetianer 26 éven keresztül végzett Újpesten. Winkler Ernő nagykanizsai rabbi a tanítványok nevében búcsúzott ékesszólóan, majd a rabbinövendékek vállukra vették a koporsót és elindultak a temetőbe." (7.kép)

A temetőben a ravatal elött Semsey Aladár, Újpest város polgármestere emelkedett szólásra. "Kedves Venetianer testvérem, nem csupán hitközségedet, hanem egész Újpest város közönségét érte pótolhatatlan veszteség a Te haláloddal. Ez a város Benned egyik legnemesebb fiát vesztette el. Te tudod, hogy sajgó fájdalommal álljuk körül ravatalodat most is. Épp úgy szeretünk, mint szerettünk, nagyrabecsültünk Téged. Lelkesedtél a jóért, mindig nemes ember voltál a legjavából. Emlékezni fogunk Rád és engedd meg, hogy a magam nevében is köszönetet mondjak Neked, ki annyit segítettél nekem, s karöltve dolgoztál együtt a jobb sorsra érdemes lakosság üdvéért. Legyen csendes a Te nyugodalmad, Amen"
Borsodi József kecskeméti rabbi:
" Nagyalföldnek híres városából jöttem .. hol boldog gyermekéveid élted, ahonnan magaddal hoztad izzó magyarságodat, s mély vallásosságodat. Isten veled!"
Fábián Béla nemzetgyűlési képviselő:
" Maga voltál a becsületesség, hitednek papja, hazádnak hű fia. ...Megfogadjuk Neked, hogy a Te szellemedben fogunk küzdeni a szeretet uralmáért, hitünkért, integritásunkért, az örök békéért..." (8. kép)
Talán ez a néhány kiragadott idézet is bizonyítja, hogy ki volt Venetianer Lajos, mint rabbi, mint tudós, mint teológiai professzor, mint a szegények és az árvák támogatója és vigasztalója, mint Újpest, akkor még önálló város kultúrális életének egyik megalapozója és építője. Így érthető, hogy már temetése után 16 nappal Újpest város határozatot hozott, hogy nevéről utcát nevezzenek el.
Újpest r.t. város képviselőtestületének 1922. évi december 14-én tartott folytatólagos rendes közgyűlésén a Póttárgysorozat 26. pontja alatt olvashatjuk:
Tárgy: Dr. Szalay Sándor önálló indítványa Dr. Venetianer Lajos nevéről utca elnevezésének tárgyában. (9. kép)
Hess Pál föjegyző a városi tanács nevében indítványozta, hogy mivel az utcák elnevezése fölötti határozathozatal a szervezési szabályrendelet 28. paragrafusa értelmében a tanács hatáskörébe tartozik, az indítvány eljárás végett a városi tanácsnak adassék ki.
Határozat: A képviselőtestület a tanácsi javaslat egyhangü elfogadásával az indítványt eljárás végett a városi tanácsnak kiadja.[13]
Fischer Gyula 1923. márciusában vesz búcsut a Magyar Zsidó Szemlében Venetianer Lajostól. Ekkor jelenik meg Halpert Salamon tanulmánya "Venetianer Lajos élete és munkássága" címen.[14]
Dr. Winkler Ernő, nagyapámnak egyik legkedvesebb tanítványa, születésének 60. évfordulója alkalmából írott "Venetianer Lajos 1867-1922" cimű értekezésében emlékezett meg a rabbiról, a tanárról, a tudósról és az emberről.[15] Öt esztendővel Venetianer Lajos halála után, 1927. áprilisában került sor Újpesten dr. Friedmann Dénes főrabbi székfoglalójára.

Az avatóbeszédet dr. Blau Lajos a Rabbiszeminárium rektora tartotta. ..."Amint közös volt a gyász, amikor örökre eltávozott a hitközség nagy papja, a felejthetetlen emlékű Venetianer Lajos, éppoly közös most az öröm, midőn az elárvult szék új birtokost nyer..." Friedmann Dénes székfoglalójában emlékezett arra, hogy temetésén volt itt először.." Fekete volt a templom az emberektől, hiszen kihűlt az a nemes lélek, akit mindenki szeretett, és akit meggyászolt a hitközség apraja-nagyja. Nehéz az út, amelyen a nagy mester örökébe lépek, teljesen átérzem a felelősség súlyát és mélyen a lelkembe vésődik az ideális lelkipásztor képe".[16]

Szüleim 1924-ben költöztek Budapestre, de apai nagyanyám elhunytáig (1937) a nagy ünnepeket Újpesten töltöttük. A Friedmann Dénes vezette istentiszteletek emléke ma is él bennem, aki elkísérte hűséges lelkipásztorként - legtöbbjüket utolsó útjára - az újpesti zsidóságot.[17] A Schweitzer József országos főrabbi által vezetett istentiszteletek az Országos Rabbiképző Egyetem templomában, napjainkig az újpesti emlékeket idézik fel bennem.

A Holocaust 50. évfordulója alkalmából az Újpesti Értelmiségi Klub és az Újpesti Városvédő Egyesület 1994 júniusában a Városháza dísztermében kegyeleti ünnepséget tartott. Az a tény, hogy Derce Tamás polgármester is emlékező beszédet mondott, továbbá, hogy a különböző vallásfelekezetek kórusai közreműködtek, egymagában bizonyította, hogy Újpest Városának Önkormányzata és annak lakossága a demokratikus hagyományok őrzője és ápolója. Régen sem tett különbséget polgártársai vallási hovatartozása szerint. Lakossága szerette városát, magyar hazáját és sokat dolgozott annak szellemi felemelkedéséért és polgárai jólétéért.

Az emlékezés alkalmából az 1922 - halála időpontja - óta róla elnevezett Venetianer Lajos utcában emléktáblát helyeztek el. (10-11. kép)

A ma élő nemzedéket emlékezteti arra, hogy Újpest városának volt a főrabbija, a nagy létszámú zsidó közösség vezetője 1896. évtől 1922. novemberéig, akit jámborsága, jótékonysága, Újpest városában kifejtett közéleti tevékenysége miatt nagyra becsültek, a rabbiképzésben kifejtett oktatói tevékenységét elismerték. Széleskörű vallástörténeti tudományos munkássága világhírűvé tette.[18] Művei Budapesten az Országos Széchényi, a Magyar Tudományos Akadémia, az ELTE Egyetemi és az Országos Rabbiképző Zsidó Egyetem, valamint a világ igen sok könyvtárában, Izraelben a Magyar Nyelvterületről Származó Zsidóság Emlékmúzeumában (Cfat) megtalálhatók. Nincs olyan magyar lexikon, amelyben neve ne szerepelne. Mintegy 170 tudományos munkája jelent meg, magyar és német nyelven egyaránt.

Az 1950-es években kiemelkedő dr. Teichmann Jakab, akkor még újpesti főrabbi, "Emlékezés Venetianer Lajosra, halálának harmincadik évfordulóján" című cikke (Új Élet, 1952.).

Az újpesti zsidó temető felszámolása után 1967-ben újratemették Rákoskeresztúron, a Kozma utcai zsidó temetőben, a rabbi parcellában. Az avató beszédet Scheiber Sándor tartotta. "Szabad óráit nem pihenésre, hanem az íróasztal mellett kutatómunkára fordította. Asszirológia, krisztológia, bölcsészet és történelem voltak búvárkodásának területei. Tudományunk máig számon tartja és idézi munkássága érett termését; az egyházi liturgia zsidó vonatkozásait kutató tanulmányait, az európai zsidóság szervezetét és a magyar zsidók történetét bemutató könyveit, valamint az első zsidó orvos terminusait és forrásait boncoló monográfiáját. Szóbeli tanítását az utána következő rabbik egész nemzedékének adta át; ajkukon újjáélednek szavai. Amíg egyetlen tudós leírja nevét, a márványkőnél is maradandóbban fog élni emléke..."[19,20]

1986-88 között, figyelembe véve Halpert Salamon által 1923-ban összeállított irodalmi jegyzéket,[21] megkezdtem az országos szakkönyvtárakban, a Fővárosi és a Zsidó Levéltárban kutatni Venetianer Lajos tudományos munkásságát, a róla szóló cikkeket. 1989-ben állítottam össze a felkutatott anyagot. A közölt szakirodalom valamennyi tételét ismételten ellenőriztem. 2001. áprilisában készült el ez az összeállitás, amely 5 fejezetből áll és most kerül először kiadásra.

I. Önálló munkák, II. Lexikonok, Gyűjteményes kötetekben megjelent publikációk, III. Szónoklatok, IV. Előadások, V. Cikkek, tanulmányok, recenziók. Érdekes, hogy pl. a Jewish Encyclopaedia II-XII. kötetében 134 különböző magyar tudós és művész szakcikkét írta meg, angol nyelven.[22]
Német nyelven 17 publikációja jelent meg.[23]
1971-ben Jeruzsálemben a Givat Ram Egyetem kiadásában megjelent a héber nyelven írott disszertációja német nyelvű összefoglalóval.[24]
1986-ban újra megjelent utolsó műve "A magyar zsidóság története", sajnálatosan megrövidítve és méltatlan előszóval.
1997. júniusában Tóth Károly: "Zsidóság-Kereszténység-Iszlám közös etikai tanításai" címen megjelent tanulmányában a zsidóság témakörében Venetianer Lajos: "A magyar zsidóság története a honfoglalástól a világháború kitöréséig (Budapest, 1922) és a "A zsidóság eszméi és tanai" (Újpest, 1926. 3. kiadás) cimű könyvekből idézett.[25]
1998-ban Venetianer Lajos: Zsidó Erkölcs cimű könyv jelent meg az Olcsó Zsidó Könyvtár 4. köteteként Kepets András szerkesztésében. A könyv eredeti címe a 4. oldalon olvasható: "Zsidóság eszméi és tanai".
2003-ban Peter W. Metzler könyvkiadó (Duisburg, Németország) gondozásában jelenik meg Venetianer Lajos „Jüdisches im Christentum" című tanulmányának reprint kiadása.
A Magyar Zsidó Szemle című folyóirat irodalmi rovatában 1912-ben felvetődik az a gondolat, hogy szükséges lenne olyan sorozatok megindítására, amelyek a zsidók és a zsidó vallás multjáról és jelenéről "népszerű" stílusban, a valóságnak megfelelő képet nyújtanak.
Tájékoztat arról, hogy a zsidó vallásra vonatkozó rész megvalósítása érdekében 1912-ben Dr. Ziegler Ignácz karlsbadi rabbi vállalatot alapított "Volksschriften über die israelitisch-jüdische Religionsgeschichte" címen.

Felkérésére ehhez az "Ó- és újvilágból" 60 tudós és író ígérte meg közreműködését, amelynek támogatását egy bécsi mecénás vállalta.

Dr. Ziegler Ignácz az elkövetkezendő 10 esztendőre 80 füzet megjelentetését tervezte, mintegy 3-4 ív terjedelemben. Tájékoztat arról is, hogy 1912-1913-ban az I. évfolyamban 7 tanulmány jelenik meg. Közli a szerzők nevét és a tanulmányok címét. A 5. szám – Venetianer Ludwig (Újpest): Jüdisches im Christentum. [26]

Számunkra, a család számára megtisztelő, hogy a fenti tanulmány reprint kiadása megjelenhetett és hogy az előszóban ismertethettem életét, munkásságát és azt a kort, amelyben lehetősége volt sokoldalú személyiségének kibontakoztatására. Bízom benne, hogy értékálló művei közül minél több kerül a jövőben újra kiadásra.

Mint muzeológus unokája kötelességemnek érzem a rendelkezésre álló kéziratos, nyomtatott anyag feldolgozását, rendszerezését az adott lehetőségeken belül.

Köszönöm férjemnek, Udvardi Miklósnak megértő támogatását, aki nélkül nem tudtam volna megvalósítani Venetianer Lajos emlékének megőrzését és munkásságának feldolgozását. Emlékét nagy tisztelettel és szeretettel unokái: Magyarországon Varga Marianna (Varga Sándorné, Venetianer Márta lánya), Izraelben Judit Pápai sz. Venetianer Katalin
(Venetianer György lánya) és dédunokái őrzik.

Budapest, 2001. május 17.

Varga Marianna

JEGYZETEK

1. Venetianer Albert / Liptószentmiklós, 1831. április 5. - Szeged, 1897./ A halálozás helye és ideje szóbeli hagyományok alapján közölt. Venetianer Albert Szegeden 1897-ben, felesége Stern Regina 1892-ben hunyt el. Mindketten a szegedi temetőben vannak eltemetve. A sírkő felirata szerint V.A. 1827-ben, S.R. 1829-ben született.

2. Testvérei: Sándor, Janka, Katalin, Adolf, Karolina, Flóra

3. V.L.: Az isteni szövetség. Székfoglaló beszéd. Tartotta a Somogy-csurgói izr. hitközség templomában 1892. augusztus 31-én dr. V.L. kerületi rabbiként / Csurgó, 1892 (16)

4. Kibékülés az élettel és halállal.
Hitszónoklat, tartotta a Szigetvári izraelita hitközség templomában 1893. május 27-én dr. V.L. rabbi (Feleségemnek 1893. május 28-a emlékére) Somogy-csurgón 1893. Vágó Gyula nyomdája (l5.)

5. A három őrség. Székfoglaló beszéd. Tartotta dr. V.L. Újpesten 1896. július 21-én Magyar Zsinagóga I.2. (333-342) Bp. 1900.

6. Újpesti Napló, 1896.

7. Egyenlőség, 1896.

8. Dr. Winkler Ernő: Venetianer Lajos 1867-1922.
Magyar Zsidó Szemle 1927 (293) (77) Kétféle lapszámozást találtam az azonos nyomású különlenyomatokban.

9. Weisz Móric bőrgyáros. Édesapja Weisz Armin és fiai néven alapította a céget. Elődei tímárként érkeztek Újpestre. A templom felépítésében jelentős szerepet vállaltak.

10. Az IMIT Társulat tagjai: Weisz Ármin és fia, Újpest (478)
Az Izraelita Magyar Irodalmi Társulat. Évkönyv Bp.1895.

11. Weisz Móric fiai vezetéknevét 1911-ben Vargára magyarosította.

12. Dr. Winkler Ernő: idézett mű (291) (75)

13. Fővárosi Levéltár, 302 pp. 55197 kig.
Fővárosi Levéltár, 233 hgy. 1922.

14. Magyar Zsidó Szemle LX. Budapest, 1923. január-március
Fischer Gyula (2-3) Halpert Salamon (3-9)

15. Dr. Winkler Ernő: im. (291-297) (75-81) Kétféle lapszámozást találtam (Varga M.) az azonos nyomású különlenyomatokban.

16. Egyenlőség, 1927. A Magyar Zsidóság Politikai Hetilapja

17. Szüleim és nagy kiterjedésű rokonságuk tisztelte és szerette Friedmann Dénest. Édesanyámmal és testvéreivel 1944. március 19-ig rendszeresen részt vettünk a Venetianer Közművelődési Kör rendezvényein.

18. Bécsben a zsidó hitközség elöljárósága 1914-ben pályázatot hirdetett a megválasztandó főrabbi tisztjére, melyre Venetianer Lajost is meghívták. Az előadások a bécsi Mérnök és Építész Szövetség dísztermében voltak megtartva. 1915. februárjában V.L. az alábbiakban közölt és német nyelven megtartott szónoklatával első helyezésben részesült. A bécsi főrabbi tisztjére szóló meghívást megköszönve azzal utasította vissza, hogy tevékenységét továbbra is hazájában kívánja folytatni az újpesti hitközségben rabbiként, a Rabbiszemináriumban tanárként és történészként. „Die Messiashoffnung des Judenthums." Vortrag über Einladung des Vorstandes der Wiener Israelitischen Kultusgemeinde am 18. Febr. 1915 im Festsaale des Ingenieur- und Architekten-Vereines, Gehalten von Dr. V.L. (15). Druck, Budapest, von Samuel Márkus

19. Új Élet, 1967. augusztus 15. (2)

20. Az 1980-as évek elején egy izraeli újságban tévesen közölték, hogy "... Halála után végrendeletében foglalt kérésére holttestét Budapestre szállították és ott temették el..."

21. Halpert Salamon: Venetianer Lajos élete és munkássága. Életrajzi adatok. Magyar Zsidó Szemle LX. 1923. (3-10)

22. V.L. "munkatársa volt a II-XII. kötetnek".
New York and London 1902-1906.

23. Német nyelven megjelent tanulmányai:

- Saitschik R.: Beiträge zur Geschichte der rechtlichen Juden namentlich im Gebiet des heutigen Oesterreich-Ungarn vom zehnten bis sechzehnten Jahrhundert. Frankfurt a.M. / M.ZS.SZ. VIII. (269-273) Budapest, 1891. április 4.sz. Szerkesztő: dr. Blau Lajos - dr. Mezey Ferenc

- Das Buch der Grade von Schemtob B. Joseph Ibn Falaquera.
Nach Handschriften herausgegeben und mit einer Einleitung versehen
von Dr. L.V. Bezirksrabbiner und Gymnasial-Professor in Csurgó. Berlin,
Verlag Calvary 1894.
A német kiadás utánnyomása: Jeruzsálem, 1971. Makor 84. (XXVII)
(fotómechanikai utánnyomás)

- Die Eleusinischen Mysterien im jerusalemischen Tempel.
Populärwissenschaftliche Monatsblätter, 1897 klny.is.

- Ezekiels Vision und die salomonischen Wasserbecken.
von L.V. Budapest, 1900. (40) Friedrich Kilian Nachfolger Kön. und
Universitätsbuchhandlung. Druck: Márkus

- Monatsschrift für die Wissenschaft vom vorderen Orient und seine
Beziehungen zum Kulturkreis des Mittelmeeres. Herausgegeben von Felix
E. Preiser.

- Hardupanim
Orientalistische Litteratur Zeitung. Berlin, Akademie Verlag, Siebenter
Jahrgang, 1904 (238) Unveränderter Nachdruck, Leipzig 1967.

- Zur Bezeichnung der vier Weltgegenden. Orientalistische Litteratur
Zeitung. Berlin, 1905. Achter Jahrgang (115-116) Akademie Verlag

- Jüdische Apologetik. Allgemeine Zeitung des Judentums. Leipzig 1907.

- Ursprung und Bedeutung der Propheten-Lektionen. Zeitschrift der
Deutschen Morgenländischen Gesellschaft. Dreiundsechzigster Band.
(103-170) Leipzig, 1909.klny is.

- Dr. Bloch. In: Oesterreichische Wochenschrift für Wissenschaft, Kunst
und Öffentliches Leben. Wien, 1912.

- Über die Ursachen des Mangels an Rabbinergrößen in Oesterreich und
Ungarn. In: Oesterreichische Wochenschrift für Wissenschaft, Kunst und
Öffentliches Leben. Wien, 1912.

- Jüdisches im Christentum. Frankfurt a. M. 1913, Kauffmann, I. Jg. V. Heft
(82) 18 cm. Volksschriften über die jüdische Religion.

- Einige Worte über Pestalozzi und die singende Weise des Talmudlernens.
(Magyar nyelven is megjelent.) Freie Jüdische Lehrstimme. 1913.

- Psalm in der synagogalen Liturgie. Monatsschrift für Geschichte und Wissenschaft des Judentums. Achtundfünfzigster Jahrgang. Neue Folge, Zweiundzwanzigster Jahrgang.
Breslau. Koebner'sche Verlagsbuchhandlung. 1914. (113-114)

- Asaf Judaeus. Der aelteste medizinische Schriftsteller in hebraeischer Sprache. von Prof. Dr. Ludwig Venetianer. Druck von Adolf Alkalay und Sohn Nachfolger Pozsony. 38. Jahresbericht der Landes-Rabbiner Schule in Budapest. Für das Schuljahr 1914-1915.; 1915-1916.; 1916-1917.; I. Teil 1915. (1-60) II. Teil 1916. (55-124) III. Teil 1917.(125-186)
Asaf Judaeus / Strassburg, Carl Trübner 1917 / 18.

- Die Messiashoffnung des Judenthums. Vortrag über Einladung des Vorstandes der Wiener Israelitischen Kultusgemeinde am 18. Febr. 1915 im Festsaale des Ingenieur- und Architekten-Vereines. Gehalten von
Dr. L.Venetianer (15) / Druck: Budapest, von Sámuel Márkus.

El sa Gaddaj. Zeitschrift für Assyrologie. 1917.

24. Das Buch der Grade von Schemtob B. Joseph Ibn Falaquera.
Nach Handschriften herausgegeben und mit einer Einleitung versehen von Dr.V.L., Bezirksrabbiner und Gymnasial-Professor in Csurgó.
Berlin, Verlag Calvary 1894. A német kiadás utánnyomása Jeruzsálem 1971. Makor 84 (fotomechanikai utánnyomás)

25. Ökumenikus tanulmányi füzetek 15. szám 1997. június
Dr. Schweitzer József országos főrabbi tanácsára keresett meg Dr. Tóth Károly ny. püspök, az Ökumenikus Tanulmányi Központ elnöke, hogy készülő tanulmányához Venetianer Lajos könyveiből válogasson.

26. Irodalmi Szemle. Magyar Zsidó Szemle, XXIX. 2. (149-153) Budapest, 1912. Április Dr. Ziegler Ignácz (1912-ben Karlsbad, jelenleg Karlovy Vary, Csehország)
L .V. Jüdisches im Christentum / Frankfurt a.M. 1913 / Kauffmann / Volksschriften über die jüdische Religion.
Dr. Ziegler Ignácz (1861, Alsókubin, – 1948, Jeruzsálem) Tanulmányait a budapesti Ferenc József Rabbiképző Intézetben és a Pázmány Péter Tudományegyetemen végezte. 1889-1940-ig főrabbi volt Karlsbadban.
Seven of the Years Jewish 1877 - 1947. Szerk. Samuel Lőwinger. Budapest, Az Országos Rabbiképző Intézet Évkönyve. Attribute to the seventieth anniversary of the Jewish Theological Seminary of Hungary.

Volksschriften
über die jüdische Religion

herausgegeben von

Dr. I. Ziegler-Karlsbad

I. Jahrgang

V. Heft

Jüdisches im Christentum

von

Dr. Ludwig Venetianer-Ujpest

Frankfurt a. M.
J. Kauffmann
1913

Ladenpreis der einfachen Nummer 80 Pf. = 1 Kr.,
der Doppelnummer Mk. 1.50 = Kr. 1.80.

An die jüdische Intelligenz!

Volksschriften über Religion und religiöse Probleme will ich in der Judenheit verbreiten! Der Schwierigkeit des Unternehmens bin ich mir voll bewußt.

Seit mehr als einem halben Jahrhundert haben sich die Juden abgewöhnt, mit der Religion anders als **praktisch** *sich zu beschäftigen. Über Religion, religiöse Ethik, Religionsgeschichte nachdenken und lesen ist in unseren Kreisen etwas ganz fremdes geworden.*

Es kann und darf aber nicht so bleiben, wenn nicht auch das Judentum unseren gebildeten Klassen ganz fremd werden soll. Die Quelle der **Liebe** *zum Judentum ist das Haus; wenn das fehlt, kann es nichts und niemand ersetzen. Die Quelle der* **Schätzung und Wertung** *des Judentums aber ist die Erkenntnis; die kann, wenn sie das Haus nicht zu geben vermag, von außen gebracht werden.*

Das ist der Zweck der **„Volksschriften über die jüdische Religion".** *Sie wollen nichts anderes, als der jüdischen Intelligenz Kenntnisse über die jüdische Religion vermitteln, über ihren Werdegang, ihre Schicksale in der Religionsgeschichte der Menschheit. Sie haben keinerlei parteipolitische Tendenz; sie wollen bei aller Anerkennung kritischer Wissenschaft durchaus positive Arbeit leisten, wollen* **durch Wissen zur Treue** *führen.*

Darum wende ich mich an die gesamte jüdische Intelligenz, an alle, die ihre Kinder dem Judentum erhalten wollen: Opfert nicht euere ganze Zeit dem **wirtschaftlichen und politischen Leben;** *lernet, euch wieder literarisch mit euerer Religion zu beschäftigen, gewinnet Interesse für die Geschichte euerer Religion; mag es euch anfangs auch schwer fallen, erziehet euch dazu!*

Volksschriften
über die jüdische Religion

herausgegeben von

Dr. J. Ziegler-Karlsbad

I. Jahrgang

V. Heft

Jüdisches im Christentum

von

Dr. Ludwig Venetianer-Ujpest

Frankfurt a. M.
J. Kauffmann
1913

Inhalt.

	Seite
I. Ideen und Lehren	14
II. Kultus	43
A) Feste	44
a) Weihnachtsfestkreis	46
b) Osterfestkreis	52
c) Pfingstfestkreis	57
d) Der Sonntag	58
B) Gebete	61
C) Sakramente	75

Sehr wirkungsvoll hat der Apostel Paulus im XI. Kapitel seines Briefes an die Römer den Ursprung und die geschichtliche Ausgestaltung des Verhältnisses zwischen Judentum und Christentum durch das Gleichnis vom Ölbaume zum Ausdruck gebracht.

Hat nüchternes Erschauen den Geist des Apostels erleuchtet, oder unbewußte Ahnung dem Gedankenflug des Schwärmers die Richtung gegeben?

Die Urgemeinde in Rom war eine Stätte des Unfriedens geworden; Zwiespalt drohte dem Gedeihen der jungen Saat: die aus dem Heidentum Bekehrten fühlten sich erhaben über diejenigen, deren Wiege einst auf dem Boden des Judentums gestanden. Die Kunde dieser Überhebung veranlaßte den Apostel, seinen belehrenden und beschwichtigenden Ruf an die Heidenchristen ergehen zu lassen: Seid nicht stolz! Ihr waret Zweige eines wilden Ölbaumes, ihr wurdet dem edlen Ölbaum aufgepfropft, dessen Wurzel und Säfte ihr nun teilhaftig seid; wissen sollt ihr es, daß nicht ihr die Wurzel traget, sondern die Wurzel trägt euch!

Es lag dem Apostel nahe, seine Gedanken durch das Bild des Ölbaumes zu veranschaulichen, war doch die Welt des Paulus, wie sich Adolf Deissmann in seinem poesievollen Buche über diesen Apostel ausdrückt, „die Welt des Ölbaumes". Alle Etappen seiner Geschichte liegen in der Ölbaumzone, er muß mit der Ölbaumkultur ganz gewiß vertraut gewesen sein. Und doch hat er sich eines kleinen Versehens schuldig gemacht: Behufs Veredelung der Früchte werden nicht Zweige des wilden Baumes dem edlen Baum aufgepfropft, sondern umgekehrt, durch das Aufpfropfen der edlen Zweige werden wilde Bäume fruchtbringend.

Bewußt war er sich dieses Versehens nicht. Paulus ging in seinem Gleichnis von der richtigen Erkenntnis aus, daß er mit den edlen Zweigen des Judentums ausgezogen war, um durch sie das Heidentum zu veredeln; aber gar bald sah er ein, daß die tatsächlichen Vorgänge sich anders gestalteten, daß Zweige des Heidentums dem Stamm des Judentums aufgepfropft wurden, daß aber trotz alledem diese Zweige von den Wurzeln getragen werden, daß die Lebenssäfte, welche an den aufgepfropften Zweigen Blüten hervorsprießen lassen, aus den Wurzeln des jüdischen Stammes heraufsteigen, ohne welche Säfte die Zweige verdorren, wieder Zweige des wilden Ölbaums werden.

Paulus hat u n b e w u ß t das Richtige erahnt: d a s J ü d i s c h e i m C h r i s t e n t u m. Sein Wunsch und Streben war, das Judentum dem Heidentum aufzupfropfen, aber er konnte sich der Ahnung nicht erwehren, daß es umgekehrt kommen werde, daß Zweige des Heidentums dem Judentum aufgepfropft, aber die Veredelung doch vom Stamme, von der jüdischen Wurzel ausgehen werde. So ist es auch. Am Baume des Christentums trägt die Wurzel — das Judentum — den Zweig des Heidentums: Fast alles ist jüdisch, was am Baume des Christentums gut und schön und wertvoll und ideal ist.

Natürlich wird sich zeigen, daß wir, um zu dieser Erkenntnis zu gelangen, nicht bloß das biblische, sondern auch das rabbinische Judentum zu betrachten haben, und andererseits uns nicht allein mit dem Christentum der Evangelien, sondern auch mit dem Spätchristentum auseinandersetzen müssen.

Allerdings deckt sich das, was wir unter Christentum verstehen, nicht mit dem, was die Evangelien als Leben und Lehre des historischen Jesus mitteilen; ebensowenig ließen sich Keime der paulinischen Christologie in den

Lehren Jesus finden, wie denn auch Paulus selbst an dem Paulinismus moderner Theologen seine eigenen Lehren nicht erkennen würde; trotzdem kann das Christentum nicht als periodenweise konstruiertes Glaubenssystem, sondern nur als geschichtlich Gewordenes betrachtet werden, das bei Ausschaltung der Lehren des historischen Jesus den ureigenen Nährboden verlieren und in Auflösung geraten müßte.

Und Jesus ist als Jude geboren, hat als Jude gelebt und ist auch als Jude gestorben. Was er gepredigt, das war das reinste Judentum. Er hat überhaupt nicht daran gedacht und nirgends ist bei ihm eine Spur davon zu finden, als wollte er einen neuen Glauben einführen, oder ein neues Lehrgebäude gründen. Die hohe Moral, die er verkündet hat, war rein jüdisch, und die Bergpredigt muß selbst den orthodoxesten Juden anheimeln und als Teil seines eigenen Glaubens auf ihn wirken. Es lag ihm fern, zu den Heiden zu gehen, sein einziges Streben war, die verlorenen Schafe des Hauses Israel zu suchen und sie in die allumfassenden Arme des treuen, himmlischen Hirten zu führen.

Das Christentum, nicht als die v o n Jesus verkündete Religion, sondern als Glaube a n Jesum, wurde durch Paulus inauguriert. Wie er dazu kam, das ist noch immer ein unlösbares Rätsel, denn bloß auf Grund der Evangelienberichte läßt sich sein Umsatteln auf dem Wege nach Damaskus nicht voll erklären. Einen sehr bedeutenden Schritt zur Lösung dieser Frage hat jüngst W i l h e l m E r b t in seinem „Von Jerusalem nach Rom" getan, wo er auf die astralmythischen Elemente in der Darstellung des Lebens und Wirkens des Apostels mit einer Kraft hingewiesen hat, die nicht unbeachtet bleiben kann. Diesen mythischen Elementen gegenüber wollen wir hier nur die eine reale Tatsache feststellen, daß nach den Mitteilungen der Apostelgeschichte Paulus in den Synagogen der Juden seine Mission betrieb, und anfänglich auch nur die verlorenen Schafe des Hauses Israel suchte; erst als er in den Synagogen von Antiochien, Korinth, Ephesus und Rom nicht nur kein geneigtes Ohr für seine Predigten gefunden hatte, sondern entschiedenen Widerspruch erfuhr, ließ er sich in seiner Nervosität durch das unethische Motiv der Rache hinreißen und sprach das gewichtige Wort: „Euch mußte zuerst das Wort Gottes gesagt werden; nun ihr es aber von euch stoßet und achtet euch selbst nicht wert des ewigen Lebens, siehe, so wenden wir uns zu den Heiden." „So sei es euch kund getan, daß den Heiden gesandt ist dies Heil Gottes, und sie werden es hören." Mögen ihn aber welche innere Gefühlswallungen, oder äußere Erfahrungen immer dazu bestimmt haben, sich von den Juden abzuwenden und sich vom Judentum immer mehr zu entfernen, er hat doch seine jüdische Abkunft öfters stolz behauptet. „Hat denn Gott sein Volk verstoßen? Das sei ferne! Denn ich bin auch ein Israeliter von dem Samen Abrahams, aus dem Geschlecht Benjamin." (Röm. 11, 1). „Sie sind Ebräer, ich auch; sie sind Israeliten, ich auch; sie sind Abrahams Same, ich auch!" (II. Kor. 11, 22). „Am achten Tage bin ich beschnitten, einer aus dem Volk von Israel, des Geschlechtes Benjamin, ein Ebräer von Ebräern, und nach dem Gesetz ein Pharisäer." (Phil. 3, 5.) Paulus ist auch als Christ Jude geblieben, trotz seiner heftigen Polemik gegen das Gesetz, und das — wie Deissmann sagt — nicht bloß ethnologisch, der Abstammung nach, sondern auch religiös und stimmungsgemäß. War er ja bei seiner Gefangennahme in Jerusalem keines anderen Vergehens sich bewußt, als „wegen der Auferstehung der Toten werde ich heute von euch angeklagt." (Ap. G. 23, 6, 24, 21.) Es war nicht allein der natürliche Selbsterhaltungstrieb, der den Apostel zur Verteidigung seiner Unschuld nur diesen einen Punkt hervorheben ließ, er war dessen vollkommen überzeugt, daß er sich gegen das Judentum nicht vergangen habe; er war ja überall, wo er sich unter Juden aufhielt, stets Jude, nur unter Heiden nahmen seine Gefühle den ersehnten Lauf. Doch hiezu bot sich ihm nicht viel Gelegenheit, denn trotz seines öftern Anlaufs, ausschließlich zu den Heiden zu gehen, zog ihn sein Herz doch zu den Syna-

8

gogen der Juden immer wieder hin. Und diese Synagogen haben ihre Einwirkung auf die Heiden nicht nur hinsichtlich des Glaubensgehalts und der Morallehre, sondern auch des Kultus die größte Anziehungskraft ausgeübt. Das Judentum hat mit seinem Kultus dem Christentum nicht nur vorgearbeitet; auch noch lange Zeit nach Paulus hat die Mission des Christentums nur durch Einführung jüdischer Kultformen Ausbreitung gewinnen können. Erst als nach dem nicäischen Konzil, nach der Erstarkung des Christentums im 4. Jahrhundert das Streben, die Kluft zwischen Judentum und Christentum immer mehr zu erweitern, festen Fuß faßte, erst da begann die Kirche sich absichtlich all dem zu verschließen, was ihr zu sehr den Stempel des Judentums aufgedrückt hätte. Klagt ja noch selbst der Kirchenvater Hieronymus in einem seiner Briefe (Migne, Patrologia lat. XXII. p. 924): „Wo die Notwendigkeit einträte, Juden nur mit Gestattung der weiteren Ausübung ihrer gesetzlichen Vorschriften in die Kirche aufnehmen zu können und wir ihnen erlaubten, ihr Gesetz auch in der Gemeinde Christi zu observieren, dort — ich sage es offen heraus, wie ich es fühle — würden nicht sie Christen werden, sondern uns würden sie zu Juden machen."

Ein wichtiges Geständnis zu einer Zeit, da die Dogmatik des Christentums bereits ausgestaltet war. Aber die Kirche war von den Ideen, Lehren und Kultformen des Judentums in solchem Maße durchtränkt, daß selbst die Hauptvertreter der Kirche beinahe in Verlegenheit kamen, wie sie die Frage beantworten sollten, worin sich Judentum und Christentum von einander unterscheiden.

Denn wenn der Kirchenvater Origenes (185—254) in seiner Apologie gegen Celsus (III. 1. Migne XI. p. 922) der Meinung ist, daß, bestünde der strittige Punkt zwischen Juden und Christen nur in dem, ob der verkündete Erlöser schon gekommen sei, oder nicht, dies eben nur ein Streit um des Esels Schatten wäre, so sagt Hieronymus (340—420) in der Einleitung seines Kommentars zum 30. Kapitel des Propheten Jeremia (Migne, XXIV.

p. 899) noch immer: „Es gibt keinen anderen Streitpunkt zwischen Juden und Christen, als nur denjenigen, daß — indem wir beide an einen Messias glauben, — die Juden noch immer auf ihn warten, wir hingegen an ihn, als an den schon gekommenen Messias glauben." Und wenn Chrysostomus (344—405) noch in einer seiner Homilien (Migne, gr. LVIII. p. 543) sagt: „der ganze Judaismus besteht nur in den Speisegesetzen, hebst du diese auf, so hast du das ganze Gebäude des Judentums abgetragen" so hat der scharfsinnige und tiefblickende Augustinus (354—430) den Unterschied in dem Glauben an die Auferstehung festnageln wollen, indem er in einer Predigt sagte (Migne XXXVIII. p. 1116): „Frage einen Juden, ob Christus gekreuzigt wurde, und er wird dir die Schuld seiner Väter eingestehen; er gesteht es ein, obwohl auch er teil daran hat. Aber frage ihn, ob Christus von den Toten auferstanden, und er wird es verneinen und dich auslachen. Distincti sumus!" „Wir sind abgesondert!"

Aber nicht nur die Kirchenväter, die den lebendigen Einfluß des Judentums noch gesehen haben und die charakteristischen jüdischen Züge von den Lehren und Kultformen der Kirche nicht abzustreifen vermochten, nicht nur die waren in Verlegenheit, wollten sie kurz und bündig den bezeichnenden Unterschied angeben, auch die heutige theologische Wissenschaft, welche von der nachträglichen Konstruktion der Geschichte und von der willkürlichen Interpretierung der Lehrsysteme reichlich Gebrauch macht, kann über das im Wesentlichen von den Kirchenvätern Festgestellte nicht hinaus. Von der christlichen Urgemeinde sagt Eduard von der Goltz (Das Gebet in der ältesten Christenheit, Leipzig 1901, p. 81): „Die religiösen Sitten blieben die altgewohnten. Aber auch die ganze Stimmung und Haltung des Menschen, die religiöse Gedankenwelt blieb die gleiche. Nur an dem e i n e n wesentlichen Punkt war sie geändert: sie warteten nicht mehr auf einen noch unbekannten Messias". Und bei Gustav Dalman lesen wir: „Durch den Auferstandenen besitzt das

Christentum eine Macht über Diesseits und Tod, welche dem Judentum fehlt. Denkt man seine lebendige Person hinweg, so wüßte ich nicht, worin hier die Überlegenheit des Christentums bestünde." „Der wichtigste Unterschied zwischen Christentum und Judentum besteht darin, daß wir einen für unsere Sünde gestorbenen und von den Toten erstandenen Christus haben, die Juden aber nicht." Adolf Harnack hat in seiner Dogmengeschichte (I. p. 244) mit nachdrücklicher Betonung das nationale Element hervorgehoben und indem er das Christentum die vergeistigte Religion Israels nennt, verficht er in weiterer Ausführung die Behauptung: „Das ursprüngliche Christentum ist seiner Erscheinung nach christliches Judentum gewesen, die Schöpfung einer universalen Religion auf dem Boden des Alttestamentlichen. Eine Grenze zwischen Judenchristentum und Christentum gibt es nicht, denn **das Christentum hat das ganze Judentum als Religion mit Beschlag belegt.**"

Kein christlicher Theologe wird es bestreiten können und wollen, daß das Christentum nicht nur aus dem Schoße des Judentums hervorgegangen ist, sondern auch dessen Lehren und Formen übernommen und noch lange Zeit nach seiner Entstehung unter dessen Einfluß gestanden hat. Gustav Hoennicke hat in seinem Buche: „Das Judenchristentum im ersten und zweiten Jahrhundert" (Berlin 1908) die namhaftesten Theologen angeführt, welche diese Frage eingehend erörtert und nachgewiesen haben, daß die Großkirche so viel jüdisches aufgenommen hatte, daß die gemäßigten Judenchristen ihr nichts mehr wertvolles und neues zu sagen hatten, und daß zur Zeit des späteren Katholizismus eine direkte Judaisierung des Christentums vor sich gegangen war. Und trotzdem gibt es Theologen, die bei voller Anerkennung dieser Tatsachen, doch irgendeinen **allerersten** Ursprung jener jüdischen Elemente zu erforschen, ihr **heidnisches** Herkommen aufzudecken sich die erdenklichste Mühe geben, nicht zum Zwecke einer lückenlosen religionsgeschichtlichen

11

Untersuchung, sondern um darzutun, daß die vermeintlichen jüdischen Elemente eben nicht jüdische sind. Eher mögen sie heidnische als jüdische sein.

Hermann G u n k e l (Zum religionsgeschichtlichen Verständnis des Neuen Testaments, 2. Aufl., Göttingen 1910) hat die These aufgestellt, daß „die neutestamentliche Religion bei ihrer Entstehung und Ausbildung in wichtigen, ja in einigen wesentlichen Punkten unter entscheidendem Einfluß fremder Religionen gestanden hat, und daß dieser Einfluß zu den Männern des Neuen Testamentes durch das Judentum hindurch gekommen ist." (p. 1.) Er unterdrückt zwar die Anerkennung nicht, daß „das Judentum trotz allen fremden Einflusses mehr oder weniger Judentum geblieben ist; seine heiligen Bücher, die zu allermeist aus der Zeit vor dem Synkretismus stammten, haben beständig mächtig gewirkt; in gewissen und gerade in zentralen Stücken hat es seine Eigenart bewahrt und große Kraft entwickelt, das Fremde mit dem Eigenen zu verschmelzen," er läßt aber doch aus dem Gebiete des Judentums nur die heilige Schrift als Quelle der neutestamentlichen Religion gelten, indem „das Christentum einem Strome gleicht, der aus zwei großen Quellenflüssen zusammengeflossen ist: der eine ist spezifisch israelitisch, er entspringt im Alten Testament, der andere aber fließt durch das Judentum hindurch von fremden orientalischen Religionen her." (p. 35.) Gewiß ist das unanfechtbar, besonders in der Suche nach indischen, persischen und babylonischen Elementen im Christentum, aber eigentümlich mutet es uns an, wenn er die Untersuchung mit der Bemerkung einleitet: „Wir Christen haben zu der Annahme, daß alles Gute und Wertvolle in der Religion n u r a u s I s r a e l stammen könnte, durchaus keinen Grund; vielmehr würde solch jüdischer Chauvinismus in unserem Munde sehr sonderbar klingen. Der Same der göttlichen Offenbarung ist nicht allein auf den jüdischen Boden ausgestreut." (p. 14.)

Beinahe desselben Bildes bedient sich auch Wilhelm B o u s s e t (Die Religion des Judentums, 2. Aufl., Berlin 1906, p. 594), indem er sagt: „Das Zusammenfluten der nationalen Kulturen vom Euphrat und Tigris bis nach Alexandria und Rom mußte beginnen, damit die Vorbedingungen zum Werden des Evangeliums geschaffen würden. Das Judentum war die Retorte, in welcher die verschiedenen Elemente gesammelt wurden."

Objektiver in der Behandlung und vorsichtiger im Urteil ist Karl C l e m e n (Religionsgeschichtliche Erklärung des Neuen Testamentes, Gießen 1909), welcher der Meinung ist, daß „die Abhängigkeit des ältesten Christentums von der israelitisch-jüdischen Religion sich von selbst verstünde und also nicht erst nochmals nachgewiesen zu werden brauchte; aber auf sie, und so indirekt auf jenes, könnten nun doch noch andere Religionen eingewirkt haben, die nicht zu berücksichtigen einseitig wäre."

In Wahrheit war das Christentum, als sich seine geschichtlich notwendige Trennung vom Judentum vollzog, derart durchsättigt vom Jüdischen, daß es dann zur Selbstbehauptung außer der gewalttätigen Verfolgung der Juden nur noch über die eine — allerdings sehr wirksame — Waffe zu verfügen hatte, daß es unter Androhung der Exkommunikation Clerikern und Laien verbot, Synagogen zu besuchen, den Festen der Juden beizuwohnen, sich mit Juden in Dispute einzulassen. Die Christen sollen es nicht wissen, wie viel Jüdisches sie im gepredigten und auch gelebten Christentum besitzen.

Dies vor allem uns Juden ins Bewußtsein zurückzurufen ist das Ziel folgender Blätter.

13

I.
Ideen und Lehren.

Nicht Juden, sondern die Kirchenväter des Christentums waren es, die zuerst in den Ideen und Lehren griechischer Philosophen Ideen und Lehren der heiligen Schrift entdeckt hatten; sie bezeichneten im Kampfe gegen das Hellenentum die heilige Schrift als ausschließliche Quelle, aus welcher die führenden Geister der Griechen ihre geläuterten Ideen über Gottheit und Moral geschöpft hätten. Waren ja die Kirchenväter von der Überzeugung durchdrungen, daß sie die Daseinsberechtigung des Christentums dem Hellenentum gegenüber nur mit Hilfe der heiligen Schrift der Juden behaupten können.

Besonders die christlichen Apologeten des zweiten Jahrhunderts haben hierin Großes geleistet. Tatianus stellt in seiner Rede wider die Griechen (Migne gr. VI.) das hohe Alter der biblischen Geschichte und den hohen Wert der biblischen Gesetzgebung über die der Griechen; Klemens Alexandrinus wirft in seinen Stromata (Migne gr. VIII. Lib. I. 17. II. 18. und 22.) den griechischen Philosophen vor, sie hätten die heilige Schrift kopiert und klagt sie geradezu des Diebstahls an: Plato soll seine erhabensten Gedanken, wie die Idee des höchsten Gutes als ein Aufgehen in die Idee der Gottheit, der heiligen Schrift entnommen haben, auch sei die Quelle aller moralischen Doktrinen nur die mosaische Lehre, aus welcher die Griechen ihre ethischen Ideen geschöpft haben. Irenäus, Bischof von Lyon, beantwortet in seinem Buche wider die Häretiker (Migne gr. VII. Lib. III. 12.) die Frage, warum die

14

Apostel unter den Juden nichts auszurichten vermochten, damit, daß die Juden den rechten und wahren Gott, den die Apostel verkündeten, bereits gehabt haben: die Juden brauchten keinen anderen Gott; und was die Verkündigung der Apostel über Jesum anbelangt, da war es wahrlich sehr schwer, ihnen denjenigen, den sie als sterblichen Menschen und sogar am Kreuze gestorbenen mit eigenen Augen gesehen haben, als den Messias und Gottessohn glauben zu machen. Nur unter den Heiden konnten sie ihr Ziel erreichen, deren falsche Götter rasch verschwanden vor dem Licht des reinen Glaubens an den einen Gott.

Die christliche Apologie des zweiten Jahrhunderts war viel mehr eine Verteidigung des Judentums dem Heidentum gegenüber, als eine Beweisführung für die rein christlichen Ideen; das Heidentum konnte nicht mit der Christologie, sondern mit der heiligen Schrift der Juden gestürzt werden, deren Ideen über Gott und über die Sittlichkeit den Weg zu jenem Kompromiß gebahnt haben, den das Heidentum mit dem Christentum geschlossen hatte. Für die Christologie a l l e i n war das Heidentum, dessen Götterwelt greifbarer, ausgebildeter und auch anziehender gewesen ist, nicht zu gewinnen; nur durch die Gottesideen und Morallehren der heiligen Schrift, deren Weissagungen den Heiden als in der neuen Lehre erfüllt dargestellt wurden, hat das Christentum seinen siegreichen Einzug ins Heidentum halten können. Nicht Philosophen haben auf die Frage der Heiden an die Apostel: woher wisset ihr das? Beweise geliefert, sondern die heilige Schrift, deren Autorität unantastbar war. Selbst das Gebot der Nächstenliebe war damals noch nicht aus dem Evangelium gepredigt, sondern aus der Thora Moses, welche mit den Propheten in den Versammlungen vorgelesen wurden. Und wenn E u s e b i u s noch im vierten Jahrhundert in seiner Praeparatio Evangelica (Lib. X—XII) damit auf die Heiden einwirken will, daß er all das ausführlich wiederholt, was seine Vorgänger über die griechischen Philosophen sagten, daß sie ihre Ideen über den rechten Gott, über Weltenlauf und Moral der heiligen Schrift entnommen hätten, so hat noch im fünften Jahrhundert **Augustinus** in einer Epistel (Migne lat. XXXIII. p. 214) zur christlichen Lebensführung die **buchstäbliche Befolgung des Zehngebotes** gefordert, ausgenommen des Sabbatgebotes, welches allein figürlich zu deuten sei. Und sein Zeitgenosse **Eucherius** Bischof von Lyon, hat in seinen Instruktionen (Migne lat. L. p. 781) diese Forderung auf die ganze heilige Schrift ausgedehnt, indem er sagte: **Aus dem alten Testament müssen wir alle Gebote befolgen, welche zur Verbesserung des Lebens und der guten Sitten gehören,** nur die Zeremonien und heiligen Riten sind, als Vorbilder der künftigen, aber bereits erfolgten Dinge, wegzulassen.

Man war sich dessen, daß das Christus-Christentum des Paulus — d. h. jenes, dem Jesus der Erlöser und Befreier vom „Gesetze" wurde — „kein Bruch mit dem Evangelium Jesu und auch keine Verfälschung des Evangeliums Jesu war," (Deissmann) vollauf bewußt; auch aus dem Christus-Christentum konnte das Evangelium Jesu, d. h. die Gottesidee und die Morallehre des Judentums nicht ausgeschieden werden; man hatte das richtige Bewußtsein, daß außer dem Christus-Christentum die ganze Gottes- und Morallehre aller Evangelien und Apostelbriefe Zitate aus dem Alten Testament waren und mit Hinweis auf die Autorität der göttlichen Offenbarung, welche an Israel ergangen ist, gelehrt wurden. Es findet sich auch in der ganzen großen patristischen Literatur kein einziger Satz, welcher bei der vom christlichen Standpunkte aus erfolgten Bewertung des Alten Testaments einen Unterschied gemacht hätte zwischen biblischem und nachbiblischem Judentum und demzufolge dem letzteren das Eigentumsrecht an den hohen Ideen und Lehren des Alten Testaments abzusprechen unternommen hätte. Jüdisches Erbgut ist es, was das Christentum bewußt oder auch unbewußt aus dem Alten Testament übernommen und sich angeeignet hat, ob nun diese Übernahme jene Lehren betrifft, welche bis zum heutigen Tage mit lebendiger Kraft wirken und stets die unveräußerlichen Schätze der jüdischen Lebensanschauung gebildet haben, oder jene Kultmotive, Opferriten und Vorschriften, welche für das Judentum mit der Einäscherung des jerusalemischen Heiligtums aufhörten, ein Teil des religiösen Lebens zu sein. Auch diese sind jüdisches Erbgut, trotzdem sie erst lange nach der Zerstörung des zweiten Tempels die Entwicklung des christlichen Gottesdienstes gefördert haben.

Diese Anlehnung der christlichen Gemeindeeinrichtungen in Kultus und Verfassung an die Vorschriften der heiligen Schrift war keine direkte Anknüpfung an den Kultus des jerusalemischen Tempels, sondern der Synagogen. Erst vom dritten Jahrhundert an, da sich die Dogmatik des Christentums immer schärfer herausgebildet hatte, griff man auf die heilige Schrift zurück, deren Zerimonialgebote zur Grundlage des christlichen Priester- und Opferkultus genommen wurden. Gehören diese Einrichtungen nicht zum jüdischen Stammgut, weil sie das Christentum zu einer Zeit in Beschlag genommen hat, da sie für das Judentum nur geschichtliche Erinnerungen und zukünftige Erwartungen wurden?

Allerdings erhielten Priesterkult und Opferritus im Christentum einen anderen Inhalt, indem sie sich auf das Blutopfer Christi konzentriert hatten. Wie hätte man denn sonst die Berechtigung des Meßopferrituals und des mystischen Glaubens an die Erlösung veranschaulichen können? Nichts spricht so laut und so beredt gegen die Annahme, daß die blutigen Opfer der h e i l i g e n Schrift die Vorstufe gebildet hätten zum Opfertode Christi, als eben die Tatsache, daß das Meßopferritual erst zwei Jahrhunderte nach Einäscherung des Tempels entstand. Es sollte aber alles, was das Christentum anging, im Alten Testament enthalten sein, und das ganze Alte Testament sollte die Grundlage des Neuen bilden. Was sollte jedoch aus jenen Geboten werden, die nun einmal im Alten Testament vorhanden waren, jedoch den Heiden die Annahme des Christentums unmöglich machten? Die geschichtlichen Erzählungen der heiligen Schrift hatten ihre Wirkung auf die Gemüter getan, die Glaubenslehren und Sittlichkeitsvorschriften konnten in ihrer buchstäblichen Fassung dem Verständnis nahe gebracht werden, die an den Mystizismus der Opferhandlungen gewöhnten Heiden glaubten den Stellvertretungstod Christi in den Opfergesetzen der heiligen Schrift begriffen zu haben. Was war jedoch mit den „Gesetzen" zu tun, welche der freien Bewegung der Person, der individuellen Bequemlichkeit schwere Fesseln auferlegt und körperliche Opfer gefordert haben? Schon der erste Apostelkonvent war sich dieser schweren Aufgabe bewußt und schon da beginnt das Streben, das Aufgehobensein des „Gesetzes" zu verkünden. Zwar berichtet Josephus (Ap. II. 282): „Es gibt keine Stadt der Hellenen und keine Barbarenstadt, auch kein Volk, wohin nicht unsere Sitte der Sabbatfeier gedrungen ist und das Fasten und das Lichteranzünden und viele von unseren Speisegesetzen beobachtet werden", sonach wären die Heiden für die idealen Lehren des Judentums auch ohne Ausscheidung der Gesetzesvorschriften gewonnen worden; daß aber die große Masse der Heiden leichter und sicherer der neuen Religion zugänglich wurde, als von ihr mit der Beschneidung, dem Sabbatgesetz und Speiseverbote keine persönlichen Opfer gefordert wurden, ist selbstverständlich. So wurden sie nun, wenn auch nur allmählich, ausgeschieden. Da sie aber doch in der heiligen Schrift standen und man sie nicht einfach streichen konnte, deutete man sie zuerst allegorisch, indem man von der Beschneidung des Herzens sprach, die Sabbatruhe auf das Ruhen von den Sünden deutete, und die unreinen zum Essen verbotenen Tiere als bildliche Darstellungen menschlicher Leidenschaften erklärte; später aber faßte man Mut, den gordischen Knoten mit der These zu durchhauen: das Gesetz sei durch den Erlösungstod Jesu aufgehoben. Aber die Verhandlungen des ersten Apostelkonvents zu Jerusalem sprechen deutlich genug dafür, daß die eigentlichen Jünger, die die Lebensweise und Absichten ihres Meisters gesehen und gekannt hatten, für das Aufheben des Gesetzes nicht so leicht zu gewinnen waren. (Ap. Gesch. XV.)

So trat nun die heilige Schrift der Juden, wenn auch ohne die Verbindlichkeit des gesetzlichen Teiles, ihren Siegeszug durch die Welt an. Das Christentum konnte nicht umhin, sie in der Reihe seiner eigenen heiligen Schriften an erste Stelle zu setzen, und somit war sie stets und ist bis zum heutigen Tage die Quelle, aus welcher die Menschheit Veredlung des Herzens, Hebung des Geistes und Aufrichtung der Gemüter geschöpft hat. „Soweit der Einfluß des Christentums reicht, — sagt Cornill (Isr. Proph., p. 177) — so weit reichen auch heute noch die Wirkungen der israelitischen Prophetie. Die Geschichte der gesamten Menschheit hat nichts hervorgebracht, was sich auch nur entfernt mit dem israelitischen Prophetismus vergleichen ließe: durch seinen Prophetismus ist Israel der Prophet der Menschheit geworden. Möchte das doch niemals übersehen und vergessen werden: das Köstlichste und Edelste, was die Menschheit besitzt, sie verdankt es Israel und dem israelitischen Prophetismus." Und diese Propheten, deren Reihe mit dem größten unter ihnen, mit Moses beginnt, der das „Gesetz" gegeben, haben nichts anderes verkündet und gefordert, als daß das Gesetz Moses erfüllt werde; nicht die Auflösung des Gesetzes war das Ziel ihres Strebens, sondern der hinreißende Eifer gegen Lippendienst und Werkheiligkeit, gegen Götzendienst und Lieblosigkeit, damit das Gesetz Mosis in Geist und in Wahrheit erfüllt werde und sich dadurch der Mensch im Gefühle der Gotteskindschaft mit der Menschheit eins wisse. Von diesem Geiste des Israelitischen Prophetentums waren auch die Lehrer und Führer des nachbiblischen Judentums durchdrungen, in dessen Mitte das Streben, das Gesetz in Geist und Wahrheit zu erfüllen, intensiv hervortrat, und aus dessen Kreise jene idealen Lehren über Gott und Menschheit, über Glaube und Sitte hervorgingen, welche auf dem Wege des Neuen Testamentes der Welt bekannt gegeben wurden.

Nicht allein jene Worte und Begriffe, die heute in der Kulturwelt schon landläufig sind und deren Ursprung im Christentum gewähnt wird, sind in Wahrheit auf das alttestamentliche Judentum zurückzuführen, von wo aus sie die Welt in neue Bahnen gelenkt haben, wie die Begriffe von heilig und weltlich, von Priestern und Laien, von Staat und Kirche, von der himmlischen Hierarchie, vom Himmelreich und vom künftigen messianischen Herrscher, auch die grundlegenden Begriffe und Anschauungen über die Gottheit und über das gegenseitige Verhältnis zwischen Gott und Mensch, welche das Christentum als ureigenen Besitz behaupten möchte, sind der Schatzkammer des jüdischen Glaubenssystems entnommen worden. „Ein lebendiger, persönlicher Gott, — sagt Cornill (Isr. Volksreligion. Wissenschaft und Bildung. Nr. 50) — der die Geschichte macht, der Quell und Hort des Rechts und der Sitte, der auch von seinem Volke ein Leben nach Recht und Sitte verlangt, das ist wahrlich viel und Großes: ein Volk, welches schwere Verbrechen durch die Worte charakterisiert: ‚derartiges darf nicht geschehen in Israel‘, hat die Anwartschaft darauf, das Volk der Religion zu werden, und der Mann, der diese Keime in es gesenkt hat, der ist in Wahrheit ein auserwähltes Rüstzeug der Offenbarung Gottes an die Menschheit." „Nichts vermag das Neue Testament über Gott auszusagen, was nicht bereits im Alten ausgesagt wurde. Und wesentliches, worüber jenes schweigt, ist allein in ihm offenbart: Er ist der Weltenschöpfer und Welterhalter, der Allgegenwärtige, der Richter der Erde, der König der Könige, der in Hoheit und Heiligkeit thront, und bei den Niedrigen und Gebeugten ist, ihr Herz aufzurichten; der vom Himmel herabblickt und schaut auf alle Menschenkinder, der dem Vieh seine Speise gibt, den jungen Raben, die ihn anrufen, dessen Herrlichkeit die Himmel verkünden, und der im Herzen des Menschen spricht". Und doch wird von „Psalmen- und Prophetenworten, welche die innigste Gemeinschaft der Seele mit Gott bekunden, gesagt, daß sie die Grenze des Judentums weit überschritten hätten. Und der Psalm 103, der in einer

20

unvergleichlich schönen und nicht mehr übertroffenen Weise die väterliche Liebe Gottes zum Menschen darlegt, und die Verzeihung unserer Schuld seitens dessen verheißt, der unseren Trieb kennt, eingedenk, daß wir nur Staub sind, wird von Gunkel (Ausgewählte Psalmen, p. 192) ein Stück Neuen Testaments im Alten genannt!" „Die Lehren der Bibel, wenn Jesus sie anführt, gewinnen eine erhöhte Potenz, einen neu erschlossenen Sinn, eine größere und allgemeinere Geltung. Dort ist alles nur von relativer Wahrheit, bei ihm wird es zur absoluten. Und vieles, was er nicht sagt, was nur im Alten Testament an hohen Wahrheiten und edlen Lehren enthalten ist, wird stillschweigend auf ihn übertragen und in die Abteilung des Neuen Testaments eingereiht. Dem Christentum wird zugute geschrieben, was Gutes, Großes und Bleibendes das Judentum geschaffen hat." (Eschelbacher.)

Das Judentum hatte keine Mittler auf Erden und keine Väter im Himmel; es hatte nur den einen Vater, dem es in kindlicher Liebe zugetan sein Geschick anvertraute. Daß der Ausdruck „Vater im Himmel" im Neuen Testament öfters vorkommt und vom Standpunkte wahrer Religiosität mehr zu bewerten sei, als das Wort „der Herr dein Gott", ändert an der Tatsache nichts, daß dieses Wort echter Religiosität und persönlichen Liebesverhältnisses zwischen Gott und Mensch aus dem Judentum ins Christentum übergegangen ist. Warum sollte es wahr sein, daß im Christentum diese Worte mehr Wärme und Innigkeit ausströmen? Auf die Frage: Was ist das Neue und Wesentliche, das Jesus durch sein Wort und Vorbild als Richtschnur für das Gebetsleben der Christen hinterlassen hat? antwortet Goltz: Es war ein neuer Gebetsgeist! Wo ist denn der Gradmesser, der bestimmen könnte, daß Jesus am Kreuze mit mehr Innigkeit das Psalmenwort gesprochen: „Eli, Eli, lammah zabaktani", „Gott, mein Gott, warum hast du mich verlassen", als etwa jene Jüdin, deren Söhne in den Makkabäerkämpfen zur Verherrlichung Gottes den Märtyrertod gefunden haben? Warum sollten in den Christ-

21

gemeinden die Psalmworte mehr ausgedrückt haben und mit mehr Wärme gesungen worden sein, als in den Synagogen? Den Psalmisten, die für ihr Volk, für Juden gesungen haben, war die Volksseele der Juden gut genug bekannt; ist es denkbar, daß ihre Worte von ihrem Volke nicht mit derselben Andacht und Tiefe aufgenommen wurden, mit welcher sie dieselben selbst gedichtet hatten?! Auch das junge Christentum hat dies begriffen und suchte nirgends sonst den Ausdruck seines tiefinnigen Verhältnisses zu Gott, als eben dort, wo es auch ihm ursprünglich war: in den heiligen Schriften der Juden.

Auch der Christ konnte nicht anders rufen, vorausgesetzt, daß er eben nur Gott anrufen wollte, als: „Gott, du bist mein Gott, dich suche ich! Es dürstet meine Seele nach dir, es schmachtet nach dir mein Leib, in dürrem, lechzendem Land ohne Wasser". (Psalm 63, 2.) „Was bist du gebeugt, meine Seele, und was tobst du in mir? Harre auf Gott! Denn noch werde ich ihn preisen als Hilfe für mich und als meinen Gott!" (Ps. 42, 6.) „Gottes Weg ist vollkommen; das Wort des Ewigen ist durchläutert: ein Schild ist er allen, die bei ihm Zuflucht suchen". (Ps. 18, 31.) „Der Ewige ist eine Burg für den Unterdrückten, eine Burg in den Zeiten der Drangsal". (Ps. 9, 10.) „Wer ist wie der Herr unser Gott, der so hoch thront und so tief sich herabläßt, Himmel und Erde zu überschauen? Er richtet aus dem Staube den Armen auf, aus der Niederung erhebt er den Dürftigen." (Ps. 113, 6—8.) „Wenn ich nur dich habe, so frage ich nichts nach Himmel und Erde!" (Ps. 73, 25.) „Wer ist ein Gott, wie du, der dem Überreste seines Erbteils die Sünde vergibt, und die Untreue übersieht, der nicht für immer im Zorne verharrt, sondern sich freut, Gnade zu üben?" (Micha 7, 18.) „Der Ewige ist unser Richter, der Ewige ist unser Gesetzgeber, der Ewige herrscht über uns, er wird uns auch helfen". (Jes. 33, 22.)

Vertrauen und Hingebung, Liebe und Zuversicht, ja selbsterlebtes Heil bekundet sich in jenem Schriftwort, das die Anschauung des Judentums über Gott zum Ausdruck gebracht und das vom Christentum übernommen wurde, ohne daß es seine Tiefe bereichert hätte. Aber nicht bloß das biblische Israel bot mit der Anschauung über Gott seinen Lebenskern dem Christentum, auch das nachbiblische Judentum, dessen kernigen Lehren und Unterweisungen das Bibelwort in die Mitte des täglichen Lebens gestellt haben, auch das war Lehrer des Christentums. „Was die Schrift uns gebietet: Lieben sollst du den Ewigen deinen Gott mit ganzem Herzen, aus voller Seele und mit ganzer Kraft, bedeutet so viel, daß der Mensch durch die eigene Lebensweise bei anderen Menschen Liebe zu Gott erwecke." (Berakhoth 17 a.) „Niemals beißt eine Schlange, es wäre ihr denn von oben eingegeben; niemals zerreißt ein Löwe, es wäre ihm denn von oben eingegeben; und auch die Regierung tyrannisiert nicht die Menschen, es wäre ihr denn von oben eingegeben." (Koh. rab. 10. 11.) „Überall, wo der Größe Gottes Erwähnung geschieht, ist auch seine Herablassung erwähnt; wo es heißt: ‚der Ewige euer Gott ist der Gott aller Götter, der Herr aller Herren, der große, mächtige und furchtbare Gott', da heißt es auch: ‚der den Waisen und der Witwe Recht verschafft'; und wo gesagt wurde: ‚in Himmelshöhen und im Heiligtum ist meine Wohnung', daselbst heißt es auch: ‚aber auch bei dem zerknirschten und gebeugten Gemüte'; und auf die Worte: ‚machet Bahn vor dem, der auf Himmeln fährt', folgt sofort: ‚Er ist der Vater der Waisen und der Richter der Witwen'." (Megilla 31 a.) „Als Israel das Gebot hörte: ‚Wenn du meinem Volke leihest', sprach es zu Gott: ‚wer ist dein Volk?' und er antwortete ihnen: Die Armen." (Exod. rab. 31.)

Das Christentum kann nicht umhin anerkennen zu müssen, daß es seine idealen Anschauungen über Gott und über das Verhältnis der Menschen zu Gott dem Judentume entlehnt hat, verficht aber doch den Standpunkt, daß die Idee des Universalismus nur durch das Christentum ins Gottesideal hineingetragen wurde. Die jüdische Religion sei nationale Religion und erst das Christentum habe die Ketten der Nationalität gesprengt, habe Gott, den nationalen Gott der Juden, als den Gott der ganzen Menschheit gelehrt.

Gewiß war das Judentum noch zur Zeit der Entstehung des Christentums eine Nation, aber die Religion der Juden war keine nationale. Nannten sich denn nicht auch die Christen selbst „Volk Gottes", „Samen Abrahams", „auserwähltes Volk", „zwölf Stämme"? Hat denn im jungen Christentum nicht lange die Hoffnung bestanden, daß das Gottesreich in den Formen der Theokratie auf dem Boden Palästinas erscheinen werde? Erhielt sich denn nicht auch im Christentum der Glaube, daß „in den letzten Zeiten der Berg Zion der Mittelpunkt, das Land Palästina die eigentliche Stätte des Heils sein werde"? (Hoennicke l. c. p. 251.) Wir wollen auf diese Bezeichnungen und Hoffnungen auch nicht den blassesten Schein des Partikularismus werfen, sind sie aber nicht ein untrüglicher Beweis dafür, daß die Religion der Juden keine nationalen Schranken kannte und daß selbst national bedingte Ausdrucksweisen durch die Religion vergeistigt universalistischen Inhalt hatten?

„Zu welcher universalen Höhe hat die Religion des Judentums längst vor dem Christentum sich erhoben! Ihr Gott ist der Herr des Himmels und der Erde. Die Geschichte von deren Schöpfung steht an der Spitze ihrer heiligen Schrift. An sie schließt sich die der Schöpfung des **Menschen** ‚im Ebenbilde Gottes' und die der Abstammung **aller** Menschen von **einem** Stammvater. Vom ersten Stammvater Israels, Abraham, wird ausgesagt, daß er ‚ein Segen werden solle für alle Völker'.... Das Recht des Fremdlings, der sich in Israel aufhält, oder dorthin sich geflüchtet hat, seine Teilnahme am Gottesdienste, wie an den den Armen schuldigen Wohltaten, wird wiederholt in eindringlichen Worten geboten. Bei der Einweihung des ersten Tempels und in der Hoffnung auf den zweiten Tempel wird der Erwartung Ausdruck gegeben, daß Fremdlinge aus allen Völkern in ihm erscheinen, ‚denn mein Haus soll ein Bethaus genannt werden für alle Völker'. Es haben die Propheten mit ihren messianischen Verkündi-

24

gungen die größten und edelsten Hoffnungen für die Zukunft des ganzen Menschengeschlechtes ausgesprochen, für eine Zeit, da ‚die Erkenntnis Gottes die Erde füllt, wie Wasser das Meer bedecken', da unter allen Geschöpfen der Friede herrscht, die Arbeit blüht und Segen findet, Hoffnungen, welche die eschatologischen Heilsverkündungen des Neuen Testamentes weit übersteigen." (Eschelbacher.)

Waren denn die Worte der Propheten Amos, Hosea und Jeremia, von Jesaja gar nicht zu reden, spurlos verschollen, sollen ihre in die heilige Schrift eingereihten Reden die belehrende Wirkung ganz verfehlt haben? Hat nicht Amos den Gott Israels als den Gott des Rechts und der Gerechtigkeit zum Gott der Welt und dadurch die Religion dieses Gottes zur Weltreligion erhoben? Hat Hosea durch seine Verkündigung, daß Gott die Liebe sei, in das Herz des Judentums nicht die Menschheit eingepflanzt? Hat nicht Jeremia die Religion auf ein rein geistiges Fundament gestellt und verkündet, daß jeder Mensch dazu geboren wurde, ein Kind Gottes zu sein? War es nicht das Judentum, an welches durch Jona der Ruf Gottes erging: „Dich jammert der Ricinus, und mich sollte nicht jammern Ninive?" „Herrlicher und ergreifender — sagt Cornill, — ist es im Alten Testament niemals ausgesprochen worden, daß Gott, eben als Schöpfer der ganzen Welt, auch zugleich der Gott und Vater der ganzen Welt sein müsse, dessen liebendem gütigem Vaterherzen alle Menschen gleich nahe stehen, für den es keinen Unterschied von Nation und Bekenntnis gibt, sondern nur Menschen, welche er nach seinem Ebenbilde geschaffen hat. Hier leben Hosea und Jeremia wieder auf, diesen beiden Größten reicht der unbekannte Verfasser des Büchleins Jona die Hand: in die Sphärenharmonie der unendlichen göttlichen Liebe und der unendlichen göttlichen Erbarmung klingt der israelitische Prophetismus aus als köstliches Vermächtnis Israels für die ganze Welt." Wahrlich, es ist der Geist der Propheten, der die Lehre im Spätjudentum erklingen ließ:

25

Als die Ägypter im Meere versanken, bereiteten sich die Engel vor, ein Freudenlied anzustimmen, aber Gott sprach: Meine Geschöpfe liegen im Meere versunken und ihr stimmt einen Gesang an? (Synhedrin 39 b.)

Derselbe Geist, der Hiob sprechen ließ: „Hat nicht, der mich erschuf, im Mutterleib auch ihn geschaffen, und hat nicht einer uns im Mutterschoß bereitet." (31, 15); derselbe Geist, der sich durch Jesaja offenbart hat: „Wahret das Recht, übet die Tugend, denn nahe ist das Heil zu kommen und meine Gerechtigkeit, sich zu offenbaren. Heil dem M e n s c h e n, der solchen Mut und dem M e n s c h e n s o h n e, der daran festhält. Nicht spreche der Sohn des Fremden, der sich dem Ewigen zuwendet, also: absondern wird mich der Ewige von seinem Volke; denn auch die Söhne der Fremdlinge werde ich bringen auf meinen heiligen Berg und werde sie erfreuen in meinem Hause des Gebetes, denn mein Haus soll ein Haus des Gebetes genannt werden für alle Völker." (56, 1—7.) „Und auch von den Heiden werde ich nehmen zu Priestern und Leviten, denn von Neumond zu Neumond, von Sabbat zu Sabbat wird kommen alles Fleisch anzubeten den Ewigen" (66, 21—23); derselbe Geist offenbarte sich auch in den Lehren jenes Judentums, aus welchem das Christentum hervorgegangen, dessen Begründer und Verbreiter mit den jüdischen Lehren die Welt erleuchtet haben. „Die Frommen, — oder wie L a z a r u s, Ethik, I., p. 158, das Wort Chasid übersetzt: die Idealgesinnten — unter allen Völkern haben Teil an der künftigen Welt" (Synhedrin 105 a). „Öffnet die Tore und es komme herein das gerechte Volk, sprach Gott, nicht Israel, sondern das gerechte, also jedes Volk, in welchem Gerechtigkeit wohnt." (Sifra p. 86.) „Teuer ist jeder Mensch dem Ewigen, denn jeder ist in seinem Ebenbild geschaffen worden." (Aboth 3, 14.) „Als Gott zu Mose sprach: Siehe, ich werde vor dir dort auf dem Felsen am Horeb stehen, da wollte er ihm mit diesen Worten sagen: An jedem Orte, wo du die Spur menschlicher Füße wahrnimmst, da stehe ich vor dir." (Mechilta 17 b.) „Die siebzig Farren, welche Israel am Laubhüttenfeste darbrachte, entsprechen den siebzig Völkern der Welt; Israel opfert für die heidnischen Völker, daß auch ihren Wohnsitzen der Regen zuteil und die Welt ihnen nicht wüst werde." (Pesikta 193 b.) „Ein einziger Mensch wurde geschaffen, für den Frieden der menschlichen Gesellschaft, damit einer zum andern nicht sagen könne: mein Vater war größer, als der deinige." (Synhedrin 37 a.) „Wenn ein Israelite einem Weisen von den Heiden begegnet, ist er verpflichtet, den Segen zu sprechen: Gelobt sei Gott, der von seiner Weisheit den menschlichen Geschöpfen zugeteilt hat." (Berakhoth 58 a.) „Es heißt nicht: Beobachtet meine Satzungen, die die Priester, Leviten, Israeliten üben, sondern es heißt: die der Mensch übt, was beweisen will, daß selbst ein Nichtisraelit, der das göttliche Gesetz befolgt, dem Hohenpriester gleich zu achten sei." (B. Kamma 38 a.) „Gott beteuerte dem Propheten Elijahu: Israelite oder Heide, Mann oder Frau, Knecht oder Freier, alle sind gleich für mich; jedes gute Werk ist vom Lohne begleitet." (Tanna D. E. 9.) „Pinchas, der Sohn des Hohenpriesters Eleazar, sagte: Ich schwöre beim Himmel und bei der Erde, daß Israelit oder Götzendiener, Mann oder Frau, Sklave oder Sklavin, alle gerichtet werden nach ihren Werken und auf alle kann der göttliche Geist sich herablassen." (Jalkut Schoftim 9 a.) „Josua ben Chananja lehrte: Die Beschäftigung mit guten Werken befreien euch vom Gericht der Hölle; auch die Heiden können durch gute Werke dessen teilhaftig werden, denn jeder, der in dieser Welt in Vollkommenheit wandelt, wird dereinst vom Gerichte der Hölle befreit werden." (Midr. Mischlé 19, i.)

Das Judentum, als religiöse Gemeinschaft, oder religiöses System, hat nie alleinseligmachende Prätensionen gehegt; es verbürgt kein Seelenheil durch die Zugehörigkeit zu ihm und versagt es niemandem, der nicht als Jude geboren wurde. Jeder, — so lautet die talmudische Lehre (Megilla 13, a), — der den Götzendienst verwirft, ist ein Jehudi, und nur die sittliche

27

Vervollkommnung verschafft den Menschen das ewige Heil. „Der ethische Charakter, — sagt Baeck (Das Wesen des Judentums, Berlin 1905, p. 39) — die grundsätzliche Bedeutung des sittlichen Tuns, ist für die israelitische Religion ursprünglich. Von Anfang an, seit die eigentliche israelitische, prophetische Religion vorhanden ist, bildet für sie das Sittengesetz den Angelpunkt. Das Judentum ist nicht nur ethisch, sondern die Ethik macht sein Prinzip, sein Wesen aus." Und doch wird gerade das Ethische der jüdischen Religion abgesprochen, und wenn schon die ideale Anschauung des Judentums über Gott und Mensch keinen Angriffspunkt gestattet, da soll das Ethische der christlichen Lehre höher und als absolut Neues über das Judentum gestellt werden. Das Neue, was das Christentum der Welt gebracht hat und wodurch es den Charakter einer absoluten Religion beansprucht, soll in der Vergeistigung, in der Verinnerlichung der Religion liegen; Herzensfrömmigkeit, nicht Lippendienst, Seelenreinheit, nicht Körperwaschungen, zugetane Liebe zum Menschenbruder, nicht äußere Werkheiligkeit sind der wahre Gottesdienst. Nun treten aber im jüdischen Schrifttum die Lehren und Vorschriften und praktischen Beispiele gelebter Religion in solch deutlicher und unzweifelhafter Weise den Erforschern des Judentums entgegen, daß sich selbst Dalman gedrungen gefühlt hat, die alte eingefleischte Unterscheidung, als ob das Christentum die Religion des Glaubens und das Judentum die Religion der äußeren Werke wäre, fallen zu lassen, und dabei vor Mißverständnissen zu warnen, „denn im Christentum ist auch von Werken die Rede und auch das Judentum ist nicht ohne Glauben." Und auch Bousset muß es anerkennen, daß „die äußere Form die Innerlichkeit nicht erstickt hat. Hinter den gefährlichen Übertreibungen steckte ein echter Kern. Trotz allem und allem war Gott für viele dieser Frommen eine gegenwärtige, tief in ihr Leben eingreifende Wirklichkeit. Unter all dem Schutt, den äußerlicher Formalismus aufgehäuft, lagen Schätze echter Art verborgen." „Sind aber

28

die äußeren Bedingtheiten und Schranken der jüdischen Ethik zum greifen deutlich, so würden wir ungerecht urteilen, wenn wir darauf allein unser Augenmerk richten wollten. Das Äußere hat die Innerlichkeit doch auch hier nicht erstickt. Der Kern in der harten Schale ist nicht verholzt. Wenn wir versuchen in die Innenseite und ins Einzelne, namentlich in die unbefangene volkstümliche Ethik des Judentums einzudringen, so spüren wir unter der harten Außenseite ein eigentümliches, ernstes und kräftiges Leben." Freilich kann auch B o u s s e t nicht umhin, das von W e l l h a u s e n geprägte und von H a r n a c k variierte Wort zu wiederholen: Das Judentum kennt so manche höhere und feinere Forderung ethischer Kultur, aber es kennt auch noch so vieles andere daneben. Nicht „das viele Andere daneben" darf zum Maßstab dienen, wie denn auch das Christentum nicht auf Grund des sehr lehrreichen Buches des Heidelberger Stadtpfarrers S t u b e n v o l l „Heidentum im Christentum" (2. Aufl., Heidelberg 1891) beurteilt wird; nur objektives Verständnis und unbefangener Blick erkennen unter den Entwicklungsformen den inneren unwandelbaren Kern. Wir verweisen auf die beiden bedeutenden Werke des R. T. H e r f o r d, Christianity in Talmud and Midrasch (London 1903) und Pharisaism its aim and its method (London 1912), wo klar gezeigt wird, daß die Lehrer des talmudischen Judentums keine Hypokriten und nicht bloß Formalisten waren. So oft die Schriftgelehrten um das „größte Gesetz" befragt wurden, da hören wir sie immer nur von ethischen Grundlehren sprechen. „Warum — fragt Z i e g l e r (Die Geistesreligion und das jüdische Religionsgesetz, Berlin 1912, p. 49) — nennt Hillel nicht ein großes Ritualgesetz den Fundamentalsatz der Religion? Warum nicht Akiba? Warum suchen Jochanan ben Zakkaj und seine Schüler den rechten Weg zu Gott n u r in der religiösen Ethik? Und Meir, Kappara u. v. a. stellen nur ethische Forderungen als Hauptgrundsätze des Judentums auf. Warum? Die waren doch die anerkanntesten Autoritäten und rabbinischen Gründer des Gesetzes?" Weil eben nur die reine, verinnerlichte

Ethik die Seele des Judentums gebildet hat. Die Kontroversen der Schriftgelehrten bezogen sich immer nur auf Ritualgesetze, hingegen in ethischen Forderungen war man sets gleichen Sinnes, daß vor ihnen selbst die strikte Forderung der Thora weichen müßte. S. Schechter hat in seinem Some Aspects of Rabbinic Theology (London 1909, p. 199 ff.) hierfür treffende Beweise angeführt. „Schuld an der Zerstörung Jerusalems war die Sünde, daß sie auf dem Gesetz der Thora bestanden, dabei aber das Gesetz der Liebe verletzten." (B. Mezia 13, 6). „Rab forderte von Rabba, der einen Streit mit seinen Fuhrleuten hatte, alle ihre Forderungen zu vergüten. Da fragte Rabba: Ist so das Gesetz? Ja, sagte Rab, denn es heißt auch: Halte ein den Pfad der Rechtlichen." (B. Mezia 83 a.) „R. Josua ben Lewi wurde vom Propheten Elijahu zurechtgewiesen; da fragte der Rabbi: Habe ich nicht in Übereinstimmung mit dem Buchstaben des Gesetzes gehandelt? Ja, entgegnete Elijahu, aber dies ist nicht das Gesetz der Heiligen." (Jer. Terumoth 46. b.) Diese Beispiele sind nicht Ausnahmen, es ist der religiöse Genius des Judentums, der sich unter den Formen des Gesetzes in keinen Fesseln fühlt, sondern die Verinnerlichung und Vergeistigung des zu verknöchern drohenden Ritualwesens anstrebt und sich im Verhältnisse zu Gott das ethische Ideal zum Ziele setzt. Dieser jüdischreligiöse Genius stand an der Wiege des Christentums und nur er ermöglichte es, daß es sich siegreich hat behaupten können. **„Der jüdische Prozentsatz in der Christenheit, so gering er auch war, war für die Entwickelung des Christentums, für die Zukunft der christlichen Religion von der größten Bedeutung. Das muß auf das Stärkste betont werden.** Das Alte Testament, sowie die Predigt der Judenchristen trugen dazu bei, daß bei den Heidenchristen das Evangelium sich nicht verflüchtigte, oder auflöste in asketische Theorien, in Libertinismus oder philosophische Spekulationen. An den Judenchristen hatten die Heidenchristen **von Anfang an Lehrer der Sittlich-**

30

keit, gleichsam Führer und Wegweiser, wie man den göttlichen Willen zu erfüllen habe." (Hoennicke, l. c. p. 176.)

Die Propheten und Schriftgelehrten haben mit ihren Lehren den Boden des Judentums getränkt, aus welchem das Christentum jenen Lebenssaft heraufzog, der die Früchte gezeitigt hatte, an denen man erkennen konnte, wie der Wille Gottes zu erfüllen sei. „Den Ewigen fürchten ist Hassen des Bösen. (Prov. 8, 13.) „An Liebe habe Ich Wohlgefallen, nicht an Schlachtopfern, an Gotteserkenntnis und nicht an Brandopfern." (Hosea 6, 6.) „Dies ist's, was ihr zu tun habt! Redet untereinander die Wahrheit und richtet in euren Toren redlich und nach unverletztem Recht! Sinnt in eurem Herzen nichts Böses gegeneinander und habt nicht Gefallen an lügenhaftem Schwören!" (Zekharja 8, 16. 17.) „Ich halte es nicht aus: Unrecht und zugleich Festfeier." (Jesaja 1, 13.) „Waschet, reinigt euch! Schafft mir eure bösen Taten aus den Augen! Trachtet nach Recht! Bringt die Gewalttätigen zurecht! Verschafft den Waisen ihr Recht! Führt die Sache der Witwen!" (Jesaja 1, 17.) „Zerreißt eure Herzen, nicht euer Kleid, und bekehrt euch zum Ewigen eurem Gott." (Joel 2, 12.) „Kehre um zu deinem Gott: Wahre die Liebe und das Recht und harre beständig deines Gottes." (Hosea 12, 7.) „Er hat dir gesagt, o Mensch, was frommt und was der Ewige von dir fordert: Recht zu tun, dich der Liebe zu befleißigen und demütig zu wandeln vor deinem Gott." (Micha 6, 8.) „Der Weise rühme sich der Weisheit nicht, und der Starke nicht seiner Stärke, noch rühme sich der Reiche seines Reichtums, sondern dessen rühme sich, wer sich rühmen will, daß er einsichtsvoll mich erkannt hat, daß ich, der Ewige es bin, der Gnade, Recht und Gerechtigkeit auf Erden übt, denn an diesen habe ich Wohlgefallen." (Jeremia 9, 22, 23.) „Übt Redlichkeit im Rechtsprechen und erweiset einander Liebe und Barmherzigkeit; bedrücket nicht Witwen, Waisen, Fremde und Arme, und sinnet in euren Herzen nichts Böses gegeneinander." (Zekharja 7, 9, 19.) „Wer darf den Berg des

31

Ewigen betreten und wer an seiner heiligen Stätte stehen? Wer unschuldige Hände hat und reinen Herzens ist, wer nicht auf Falschheit ausgeht und nicht betrügerisch schwört. Der wird vom Ewigen Segen empfangen und Gerechtigkeit von Gott, der seine Hilfe ist." (Ps. 24, 3—5.) „Sei stark wie der Leopard, leicht wie der Adler, schnell wie der Hirsch und tapfer wie der Löwe, um den Willen deines Vaters im Himmel zu erfüllen." (Aboth V. 20.) „Werde dem Ewigen ähnlich und wandle den Eigenschaften Gottes nach: wie er Nackte bekleidet, so bekleide auch du sie; wie er Kranke wartet, so warte auch du Kranke; wie er Trauernde tröstet, so tröste auch du Trauernde; wie er Tode bestattet, so bestatte auch du Tote." (Sota 14. a.) „Wer Redlichkeit übt im Handel und Wandel, der ist beliebt bei den Menschen und es wird ihm angerechnet, als ob er die ganze Lehre erfüllt hätte." (Exod. rab. 15, 26.) „An wem die Menschen Befriedigung haben, an dem hat auch Gott Befriedigung; an wem die Menschen keine Befriedigung haben, an dem hat auch Gott keine. (Aboth III. 9.) „Ich heiße euch nicht opfern, damit ihr saget: ich will Gottes Willen tun, damit er meinen Willen tue! Nicht um mir zu Willen zu tun, opfert ihr, sondern euch selbst zur Befriedigung." (Sifre Num. 28, 8.) „Was verboten wurde öffentlich zu tun, des äußeren Scheines halber, das darf selbst am verborgensten Orte auch nicht getan werden." (Sabbath 34 b.) „Wer fromm in seinen Pflichten gegen Gott und gegen die Menschen ist, der ist ein guter Frommer; wer aber nur in seinen Pflichten gegen Gott, nicht aber gegen die Menschen fromm ist, der ist ein nicht guter Frommer." (Kiddüschin 40 a.) „Als R. Jochanan ben Zakkai krank war, besuchten ihn seine Schüler und baten ihn um seinen Segen; er sprach: Möchtet ihr eine so große Furcht vor Gott haben, wie vor den Menschen! Da fragten die Schüler: Nur so weit soll unsere Gottesfurcht gehen und nicht weiter? Er aber antwortete: Wohl euch, wenn sie so weit geht; will jemand eine Sünde begehen, so sorgt er doch nur dafür, daß er von den Menschen nicht beobachtet werde." (Berakboth 28 b.) „Wie die

32

Bundeslade von außen und von innen mit Gold bedeckt war, so sei auch das Innere des Menschen seinem Äußeren gleich." (Joma 72 b.) „Wenn jemand ein Maß Weizen stiehlt, mahlt und backt es und hat die vorgeschriebene Hebe abgesondert, darf er wohl den Segen sprechen? Nein, denn er würde nicht Gott loben, sondern lästern." (B. Kamma 94 a.) „Mache die Lehre Gottes nicht zu einer Krone, um dich damit groß zu machen, noch zu einem Spaten, um damit zu graben." (Aboth IV. 5.) „Die Gebote der Thora sind nur deshalb gegeben worden, damit durch sie die Menschen sittlich geläutert werden." (Levit. rab. 13.) „Die Thora sagt den Israeliten: Nehmet auf euch das Joch des Gottesreiches, überbietet einander an Gottesfurcht und behandelt einander liebevoll." (Sifre Deut. 32, 29.) „Man soll sich eher in Feuerfluten stürzen, als das Antlitz seines Nebenmenschen öffentlich vor Scham erglühen machen." (Berakhoth 43 b.) „Den soll die rechte Hand heranziehen, wen die Linke weggestoßen hat." (Sota 47 a.) „Die Schule Ismaels lehrte: Milde Gesinnung befiehlt die Thora auch gegen den abtrünnigen Bruder: Weil er hinging und sich dem Götzentum verkaufte, dürfte ich dem Fallenden einen Stein nachwerfen? Nein, denn es ist gesagt worden: auch nachdem er sich verkauft, selbst wenn er Priester des Götzen geworden ist, soll ihm Auslösung gestattet sein." (Kidduschin 20 b.) „Es reisen zwei in der Wüste und nur einer von ihnen ist mit Wasser versehen; würde er das Wasser mit dem Reisegefährten teilen, so wäre es nicht genügend, um Beide zu erhalten; tränke er es allein, so langte er wohl damit aus, um in bewohnte Gegend zu kommen, aber sein Gefährte wäre unrettbar verloren. Ben Paturi sagte nun: Der Eine dürfe nicht mit Preisgebung des Lebens seines Mitmenschen das eigene retten, sondern es mögen beide trinken und beide umkommen!" (B. Mezia 62 a.)

Angesichts solcher absolut ethischer Anschauungen und Grundsätze, welche die Geister im Judentum beherrschten und alle Schichten des Volkes durchdrungen haben, kann wohl dem Judentum die Anerkennung nicht versagt werden, daß es auch in dem Punkte als die einzige Quelle für das Christentum diente, wo es sich um die Frage nach dem ethischen Gehalt der Religion und nach der Menschenliebe, als dem Zentrum der religiösen Ethik handelt. Und doch wird noch oft behauptet, daß vor dem Christentum die Welt keine Menschenliebe gekannt habe, als ob das Christentum nicht das jüdische Gebot der Nächstenliebe verkündet hätte. Das rabbinische Schrifttum, der beredteste Zeuge der sich im Leben bewährten Grundsätze, war der Welt ein Buch mit sieben Siegeln; aber der 18. Vers im 19. Kapitel des III. Buches Mosis: „Liebe deinen Nächsten wie dich selbst" war doch einem Jeden zugänglich, man hätte also wissen können, daß die Nächstenliebe zu allererst durch die Thora verkündet wurde; man sprach und spricht trotzdem von dieser goldenen Regel als von einem christlichen Gebot, ohne zu beachten, daß Jesus nur das vornehmste Gebot des Gesetzes zitiert hat. Als nämlich ein Schriftgelehrter ihn versuchte und fragte: Meister, welches ist das vornehmste Gebot im Gesetz? Da antwortete er: Du sollst lieben Gott deinen Herrn von ganzem Herzen, von ganzer Seele und von ganzem Gemüte; dies ist das vornehmste und größte Gebot; das andere aber ist dem gleich: Du sollst deinen Nächsten lieben, wie dich selbst; in diesen zwei Geboten hanget das ganze Gesetz und die Propheten. (Matth. 22, 34 – 40.)

Die Typen, mit welchen der Quellennachweis „III. Mos. XIX. 18." in den Ausgaben des Neuen Testaments gedruckt wird, sind eben etwas zu klein, als daß der Leser den Vermerk sehen würde; auch Oloff hat ihn nicht bemerkt, da er in seinem volkstümlichen und sonst objektiven Buche: Die Religionen der Völker und Gelehrten aller Zeiten (Berlin 1904, p. 173) schreibt: „Das einfachste, gemeinverständlichste und alle Religionen in sich schließende Bekenntnis findet sich im Evangelium Mattäi, Kap. 22, V. 37 - 40, und lautet: Du sollst lieben Gott, deinen Herrn, von ganzer Seele und von ganzem Gemüt. Dies ist das vornehmste und größte Ge-

34

bot. Das andere aber ist dem gleich: Du sollst deinen Nächsten lieben als dich selbst." Sind denn diese Sätze im Munde Jesu keine Zitate aus dem alten Testament? Volkstümliche Schriften tragen gewiß sehr viel zur Verbreitung falscher Vorstellungen bei, und dürfen eben deshalb mit einer vornehmen Handbewegung nicht abgetan werden. Sie sind jedoch fast immer Tendenzschriften, daher in gewissen Dingen zu entschuldigen. Welches Vertrauen aber soll man wissenschaftlichen Darstellungen entgegenbringen, wenn ein Paul J a n e t in seinem in alle Kultursprachen übersetzten berühmten Werke über die Geschichte der politischen Wissenschaft in ihrem Verhältnis zur Morallehre (Histoire de la science politique dans ses rapports avec la morale, I. p. 353.) es fertig gebracht hat, folgendes niederzuschreiben: „Wir dürfen aber der Meinung nicht sein, als ob die Religion des Moses nur eine Religion der äußeren Formen war, ohne jede Gefühlsinnigkeit. Wir finden in ihr an mehreren Stellen jenes Prinzip, welches später das einzige Gebot wird: Lieben sollst du deinen Gott aus ganzer Seele, aus vollem Herzen, mit ganzer Kraft; nur die darauffolgenden Worte fehlen noch: und deinen Nächsten, wie dich selbst." Solche Oberflächlichkeit hätte sich ein Janet nicht zu Schulden kommen lassen dürfen! Freilich war Janet kein Theologe von Fach. Die Theologen wissen, daß Jesus aus jüdischer Quelle das Gebot der Nächstenliebe schöpfte. Aber auch die Theologen drücken sich und suchen hinter grundlosen Ausflüchten Deckung, wie es C l e m e n tut (l. c. p. 135): „In seiner Zurückführung des Gesetzes auf das Gebot der Liebe ist das Christentum, obwohl dieses ja bereits im Alten Testament vorkam und hie und da schon früher als das vornehmste Gebot bezeichnet worden war, doch durchaus originell. Auch die Unterordnung der religiösen Pflichten unter die sittlichen ergab sich Jesus von da aus, obwohl er in dieser Richtung zugleich von den alttestamentlichen Propheten beeinflußt worden sein wird." Ja, für das Originelle kann bloß ein „obwohl" keine Beweiskraft bieten.

Da jedoch das Vorhandensein und die Originalität dieses Gebotes aus dem Alten Testament nicht hinwegdisputiert werden kann, so muß die Minderwertigkeit desselben laut betont werden. Einerseits wird darauf hingewiesen, daß die Erklärung des Nächstenliebegebotes durch Jesu in positiver Fassung gegeben wurde: „Alles, das ihr wollet, daß euch die Leute tun sollen, das tut ihr ihnen auch; das ist das Gesetz und die Propheten;" (Matth. 7, 17.); hingegen habe dies Hillel in vorchristlicher Zeit in negativer Fassung ausgesprochen: „Was dir unlieb ist, das tue auch deinem Nächsten nicht; das ist die ganze Thora, das Übrige ist nur Erklärung." (Sabbath 31 a.) Dieses Streben, in der positiven Fassung einen höheren Wert zu suchen, als in der negativen, ist aber nur Haarspalterei, abgesehen davon, daß in der Didache, im ältesten Katechismus des Christentums der Satz ebenfalls in negativer Fassung zitiert wird. Denn wenn Jesus mit Vorbedacht den Satz positiv hätte sagen wollen, er hätte ihn wohl, wie er das öfters tat, mit den Worten eingeleitet: „Ich aber sage euch." Die umgekehrte Zitierung des Satzes von Seiten Jesus beweist nur, daß er im allgemeinen Gebrauch in beiden Formen stand.

Anderseits will man für die Minderwertigkeit des jüdischen Liebegebotes und für die Originalität des neutestamentlichen den Beweis daher erbringen, daß Jesus in der Bergpredigt gesagt haben soll: „Ihr habt gehört, daß gesagt ist: Du sollst deinen Nächsten lieben und deinen Feind hassen. Ich aber sage euch: liebet eure Feinde." (Matth. 5, 43.) Dieser verhängnisvolle Satz hat viel Unheil gestiftet, denn die Fabel, das Judentum l e h r e den, hat sich überallhin verbreitet, obzwar man sich leicht hätte überzeugen können, daß ein solches Gebot im Alten Testament nicht nur nicht zu finden sei, sondern seinen Prinzipien direkt widerspricht, da es die werktätige Liebe zum Feind öfters und nachdrucksvoll befiehlt. Wie war es also möglich, daß jener Satz doch ins Evangelium hineingeraten ist? Wie soll ihn Jesus aus der heiligen Schrift zitiert haben? Hat vielleicht der Redak-

36

tor des Evangeliums, durch vertiefte Gegensätze angeregt, den Satz tendenziös unterschoben?

Wir wissen es nicht und verstehen es nicht. Traurig ist nur, daß dieser Satz des Neuen Testaments zu dem Vorurteil gegen die Juden geführt hat, daß überall, wo von Haß gegen Feinde, oder von Rache an Feinden die Rede ist, Juden gewittert werden, selbst dort, wo griechische Christen um Rache flehen. Ein Beispiel für viele. Adolf Deissmann behandelt in seinem Licht von Osten (p. 305) zwei in Groß-Delos gefundene griechische Inschriften, deren Übersetzung er in Folgendem gibt: „Ich rufe und bete zu Gott dem Höchsten, dem Herrn der Geister und alles Fleisches, wider die, die in Arglist ermordeten oder vergifteten die arme allzufrüh verschiedene Heraklea, vergießend ihr unschuldig Blut frevelhaft: daß es ebenso gehe denen, die sie ermordet oder vergiftet haben, samt ihren Kindern; Herr, der du alles überschaust und ihr Engel Gottes, du, dem jegliche Seele sich kasteit am heutigen Tage unter Flehen, daß du rächest ihr unschuldig Blut und es heimforderst aufs schnellste." Die Inschrift ist voll von alttestamentlichen Redewendungen, folglich muß sie von einem abgefaßt worden sein, der im Alten Testament tüchtig bewandert war. War der nun ein Jude, oder ein Christ? Der Fundort spricht eher für den letzteren, aber da muß die Inschrift in späte Jahrhunderte nach Christi angesetzt werden. Deissmann will jedoch die Inschrift aus dem zweiten Jahrhundert vor Christi herrühren lassen, daher kommt er zur Folgerung: „Alle Ausdrücke der Texte könnten zugleich christlich und jüdisch sein: der eigentliche charakteristische Satz fordert aber die Beziehung auf den jüdischen Versöhnungstag geradezu heraus. Daß gerade am Versöhnungstag ein Gebet um Rache gebetet wird, ist nicht auffallend, wenn man sieht, daß auch spätere Gebete des Versöhnungstages um Rache für das vergossene Blut bitten. Note: Ich halte einen einzigen Beleg aus zweiter Hand in unserem Falle für genügend. J. A. Eisenmenger, Entdecktes Judentum, 1700, II. S. 101, zitiert aus der Dicken Tephilla, Frankfurt a. M. 1688, Fol. 50, col. 2,

37

ein Gebet für den Versöhnungstag: Mache mich auch würdig, die Ankunft deines Geretteten zu schauen und räche dein Volk, das Haus Israel und räche das vergossene Blut deiner Knechte geschwind und in unseren Tagen." Ist es nun nicht zum Erstaunen, daß ein Deissmann, dem die theologische Wissenschaft so viel verdankt und der auf dem Gebiete der Philologie Unsterbliches geleistet hat, sich hier begnügen konnte, einen einzigen Beleg, den auch nur aus zweiter Hand, und sogar aus der Hand des bekanntesten Fälschers, Eisenmengers, herzuholen! Hat sich Deissmann wenigstens überzeugt, ob die von Eisenmenger zitierte Stelle sich wirklich in der Dicken Tephilla von Frankfurt vorfindet, ja ob überhaupt diese Dicke Tephilla existiert hat? Gewiß hat sie existiert und hat auch die ominöse Stelle enthalten, aber das eine ist sicher, daß — wie uns Herr Dr. Elbogen mitteilt, — das Gebet „räche das vergossene Blut deiner Knechte" zu allererst in der zweiten Hälfte des 17. Jahrhunderts und ausschließlich im deutsch-polnischen Ritus zu finden ist und zweifellos durch die Gräueltaten der Chmelnitzkischen Verfolgung verursacht wurde. Nach einem Beleg aus Palästina oder dem fernen Orient, oder aus den vielen Jahrhunderten vor dem 17. Jahrhundert hätte sich Deissmann vergeblich abgemüht. Und da soll ein Beleg aus dem deutsch-polnischen Ritus des 17. Jahrhundertes entscheidenden Beweis liefern für die religiösen Zustände des 2. Jahrhunderts vor Christi in Palästina?! Handelt es sich um Parallelen zwischen den Sprüchen Jesu und der Rabbinen (sie sind im Jahrgang 1906 der Jahrbücher für jüdische Geschichte und Literatur und in dem Werke The Jewish Sourcer of the Sermon on the Mount von S. Friedländer übersichtlich zusammengetragen), selbst wo sie formell und inhaltlich übereinstimmen, da wird die Abhängigkeit von den letzteren nicht anerkannt, weil die Redaktion des Talmud später erfolgte als die der Evangelien, aber wo es darum zu tun ist, den Haß gegen Feinde als charakteristischen Zug des Judentums zu erweisen, da genügen für die Zustände des 2. Jahr-

38

hundertes vor Christi Belege aus dem 17. Jahrhundert nach Christi!

Nicht die heutige theologische Wissenschaft kann uns darüber belehren, was das Christentum dem Judentum verdankt, denn diese konstruiert die Entstehung und das Religionssystem des Christentums auf Grund von Prinzipien, die auf dem Boden mittelalterlicher Traditionen emporschossen. Wir müssen ins Altertum zurück, in jene Zeit, wo sich noch das lebendige Bewußtsein des Christentums mit dem religiös-ethischen Gehalt des Judentums eins wußte. Da hat sich noch einer der hervorragendsten Kirchenväter des dritten Jahrhunderts, O r i g e n e s, nicht gescheut, im 25. Abschnitt des VII. Buches seiner Apologie gegen Celsus ohne Umschweife die Erklärung abzugeben, daß, was Gott im Evangelium sage, dem nicht widerstreite, was Gott im Gesetze verkündet habe, selbst dann nicht, wenn man die Worte vom „Backenstreiche" b u c h s t ä b l i c h nehmen wollte. Denn was das Evangelium Matth. 5, 39, sagt: „Wenn dich jemand auf die eine Wange schlägt, so reiche ihm auch die andere dar", ist trotz des „ich aber sage euch" dem Alten Testament nicht widersprechend, denn derselbe Gedanke ist auch in den Klageliedern 3, 27—30, ausgesprochen: Gut ist's dem Manne, zu tragen das Joch in seiner Jugend; er biete dem, der ihn schlägt, die Wange, und werde mit Schmach gesättigt." So sprach der Kirchenvater, dem daran gelegen war, das Neue, was das Christentum der Welt gebracht hat: das Christus-Christentum zu verteidigen. Das ist allerdings originell und ureigenstes Gut des Christentums, obzwar die damit verbundenen Gedanken gegenwärtiger und zukünftiger, irdischer und jenseitiger Erlösung dem Judentum durchaus nicht fremd waren und leicht aus den im Judentum verbreiteten Anschauungen herauszuerklären wären. Aber bereits seit dem Auftreten des Paulus bildeten sie einen solchen Gegensatz zum Judentum, daß sie als Kriterium des Christentums angesehen wurden. Ich meine den Glauben an die Vergebung der Sünden, an die leibliche Auferstehung und an die Person des Messias.

Es hat auch im Judentum der Gedanke vorgeherrscht, daß „es keinen Menschen gibt, der nicht sündigen würde" (I. Kön. 8, 46); „es gibt keinen gerechten Menschen auf Erden, der nur Gutes täte und nicht sündigte" (Koheleth 7, 20); „wer könnte sagen: ich habe mein Herz gereinigt, ich bin rein von der Sünde, in die ich hätte fallen können" (Proverb. 20, 9.) Aber es herrschte auch der Gedanke vor: „Kehre um, o Israel, zum Ewigen, deinem Gotte, denn durch eigene Verschuldung kamst du zu Fall" (Hosea 14, 2). „Wohlan, lasset uns umkehren zum Ewigen, denn er wird uns, wenn er auch zerfleischt hat, wieder heilen, wenn er auch verwundet hat, wieder verbinden" (Hosea 6, 1). „Wer sich bekehrt von allen seinen Abtrünnigkeiten, die er begangen, der wird am Leben bleiben und nicht sterben" (Ezechiel 18, 28). „Kein Mensch kann sich für vollkommen gerecht halten, aber auch kein Mensch darf sich für die Reue unfähig glauben" (Kiduschin 40 b). „Ein inneres Reuegefühl ist wirksamer und verdienstlicher, als tausend freiwillige Geißelungen" (Berakhoth 7 a). „Nicht das Fasten, nicht das Bedecken mit einem Sacke tragen bei, die göttliche Gnade zu erlangen, sondern die Buße und die guten Werke" (Taanith 16 a). Die Lehre von der Neigung des Menschen zur Sünde und von der aufrichtigen Reue, welche sich in Gefühlen und Werken bekundet, ist jüdische Lehre. Aber eine Lehre von der Erbsünde ist dem Judentum vollends fremd. „Kein Mensch m u ß sündigen, — sagt K o h l e r (Syst. Theol. d. Judentums. Leipzig 1910, p. 186), — niemand ist sündenbehaftet; aber Neigung zur Sünde hat jeder.

Der Standpunkt des Judentums ist hierin Buße und Rückkehr. Rückkehr ohne Mittlerschaft. Teschuba ist ein ausschließlich jüdischer Begriff rein prophetischen Ursprungs. „Es verlasse der Bösewicht seinen Weg und der Mann des Frevels seine Gesinnung, und kehre zurück zum Herrn, daß er sich seiner erbarme, und zu unserem Gotte, der viel verzeiht." Jeder Mensch verfügt über die Macht der eigenen Erlösung von der Sünde, wofür dem Judentum sein reiner

40

Glaube an den Einen, an den Vater der Menschheit Garantie geboten hat, einer anderen brauchte es nicht.

Auch Gedanken über eine andere Welt können dem Judentum als der Quelle des Christentums nicht abgesprochen werden. Spuren des Glaubens an ein Weiterleben nach dem Tode und an eine Auferstehung der Toten am Ende der Tage finden sich auch im Alten Testament, und Bousset hat Recht, wenn er sagt (l. c. p. 222). „In der spätjüdischen Literatur seit Daniel gibt es mit Ausnahme des Koheleth keine einzige Schrift, welche den Gedanken einer Vergeltung nach dem Tode in beiden Formen — des Weiterlebens und der Auferstehung — direkt leugnete"; und „wie fundamental der Auferstehungsglaube für das Judentum war, ist damit bewiesen, daß man schon im neutestamentlichen Zeitalter mit den Versuchen einer Ableitung desselben aus der Schrift begann", aber auch Gunkel hat vollkommen Recht, wenn er dem Streben gegenüber, die Lehre der leiblichen Auferstehung aus dem Judentum erklären und ableiten zu wollen, ausruft: „Erzeugt hat das Judentum diesen Glauben nicht" (l. c. p. 31). Nie war man im Judentum über diese Lehre gleichen Sinnes, immer hat es hierüber entgegengesetzte Meinungen gegeben, sie gehört — mag auch ihr Wert noch so hoch angeschlagen werden — nicht zu jenen Grundanschauungen des Judentums, welche die Elemente einer absoluten Religion ausmachen.

Und was den Glauben an den Messias anlangt, so hat ihn zwar das Christentum dem Judentum entnommen, haben doch die Messias-Weissagungen der heiligen Schrift die Ausbildung des christlichen Messiasglaubens gefördert und Messias-Hoffnungen waren besonders zur Zeit der Syrer- und Römerherrschaft unstreitig vorhanden. Aber es war kein göttlicher Messias erwartet, und was noch viel wichtiger ist, — die messianische Zeit war dem Judentum stets höher gestellt, als die Person des Messias. Dalman hat das Richtige getroffen, als er sagte (l. c. p. 26): „Was die jüdische Literatur vom Messias sagt, gleicht dem roten Faden

41

in einem Seil, welchen man herausziehen kann, ohne an der Haltbarkeit des Seiles zu ändern. Der p e r s ö n - l i c h e Messias ist kein notwendiger Bestandteil der jüdischen Religion". Israels Messias-Ideal als Grundbestandteil seiner Religion ist das Zukunfts-Ideal, verwirklicht durch die unter Gottes Herrschaft vereinte, ethisch geläuterte Menschheit, da „kein Volk mehr gegen das andere das Schwert erheben wird und nicht mehr Kriegführen erlernen wird; jeder unter seinem Weinstock und unter seinem Feigenbaume sitzt, ohne daß ihn jemand aufschreckt" (Micha 4, 3, 4).

Erbsünde, leibliche Auferstehung und Erlösung durch Jesu Tod sind die n e u e n Ideen im Christentum, sonst aber ist sein Ideen- und Lehrgehalt voll und ganz dem Judentum entnommen. Alle Lehren und Ideen über Gott und Menschheit, über das Verhältnis zwischen Gott und Mensch, über die sittliche Vervollkommnung und liebevolle Verbrüderung der Menschheit durch den verinnerlichten Glauben an Gott, also all das, wodurch die christliche Religion Anspruch erhebt, die absolute Religion zu sein, ist Ureigentum des Judentums, „die Wurzel, welche die Zweige trägt".

II.

Kultus.

„L'église chrétienne est sortie du judaïsme." „Die christliche Kirche ist aus dem Judentum hervorgegangen." Mit diesem prägnanten und ausdrucksvollen Satz beginnt Duchesne seine Darstellungen der Ursprünge des christlichen Kultus. (Origines du culte chrétien. Paris, 5. Aufl. 1909.) Der christliche Kultus bietet uns in seinen Einzelformen die untrüglichsten Beweise dafür, daß die Kirche, in ihrer Gesamterscheinung, sowohl in betreff des oben ausgeführten Ideengehaltes, als auch der nun zu behandelnden äußeren Formen, eine Tochterreligion des Judentums, oder — das Wort Duchesnes zu gebrauchen, — des Judaismus ist. Die Identität der Formen wirft alle Theorien über den Haufen, welche das Christentum bloß aus dem alttestamentlichen Prophetentum ableiten und aus sich selbst entstanden erklären wollen. Wenn die Formen, die äußeren Ausdruckserscheinungen der Gedanken unzweifelhaft dem Judentum angehören, kann auch die ursprüngliche Heimat der Gedanken nicht mehr zweifelhaft sein. Und diese Heimat ist nicht die Bibel und der altisraelitische Tempelkult, sondern die spätere Synagoge. Die literarischen Quellen des Judentums waren natürlich dem Christentum nicht verschlossen und man hat besonders im dritten Jahrhundert während der Ausbildung des altkatholischen Ritus in vielen Einzelheiten auf das Alte Testament zurückgegriffen, aber das Urchristentum ist aus dem Judaismus hervorgegangen, sein Kultus war keine Fortsetzung des jerusalemischen Tempelkults, sondern er war eben der der Synagoge. Und der Einfluß des synago-

43

galen Kultus beschränkte sich nicht bloß auf die Zeit der Entstehung des Christentums, das das ganze gottesdienstliche Inventar mit hinübergenommen hat, es hat sich — wie wir sehen werden — selbst in späteren Jahrhunderten so Manches in der Kirche eingebürgert, dessen Einführung, bei der Abgeschlossenheit und Ausschließung des Judentums, hauptsächlich solchen Kirchenfürsten zuzuschreiben ist, die jüdischer Abstammung waren. Hat ja noch im zwölften Jahrhundert das Buch der Frommen (ed. Wistingtzki, Berlin 1891, p. 332) für nötig befunden, den Juden ernstlich ans Herz zu legen, daß sie einen Geistlichen, der für die Kirche einen Hymnus zu verfassen gedenkt und Text oder Melodie von den bei den Juden in der Synagoge gebräuchlichen Gesängen verlangen würde, in seinem Vorhaben nicht fördern sollen; der Jude möge dazu seine Hand nicht reichen. Hinter dieser Mahnung, die gewiß nicht das Resultat akademischer Diskussion, sondern die Forderung der lebendigen Wirklichkeit gewesen ist, liegt die ganze Geschichte des christlichen Kultus, der in allen charakteristischen Zügen bis zum heutigen Tage jüdisch geblieben ist. Die protestantische Kirche hat zwar ihren Kultus dermaßen vereinfacht, daß dort augenscheinlich nur die drei Hauptelemente des Gottesdienstes: Gebet, Vorlesung aus der heiligen Schrift und Predigt als jüdischen Ursprungs gelten, aber trotz aller Vereinfachung hat sie doch in ihrem gesamten Kultus soviel Gemeinsames mit der katholischen Kirche, daß wir im Folgenden zum Leitfaden der Untersuchung füglich die letztere nehmen können; wobei noch zu bemerken ist, daß die römische Kirche jüdische Elemente verhältnismäßig mehr und reiner erhalten hat, als die katholischen Kirchen des Orients.

———

A) Feste.

Beginnen wir die Untersuchung mit dem Festkalender oder Kirchenjahr. Da ergibt sich selbst bei oberflächli-

44

cher Betrachtung eine Uebereinstimmung, die nicht anders als Abhängigkeit vom jüdischen Festkalender genannt werden kann. Es kann gewiß kein Zufall sein, daß so wie das synagogale oder — sagen wir einfacher — das jüdische Kirchenjahr mit dem jüdischen bürgerlichen Jahr nicht zusammenfiel, indem ersteres mit dem Frühjahrsmonat Nissan, letzteres hingegen mit dem Herbstmonat Tischri begonnen hat, auch das Christentum diese beiden Jahresanfänge auseinander hält. Das christliche Kirchenjahr beginnt nicht mit dem ersten Januar, sondern mit dem ersten Adventsonntag vor Weihnachten. Aber dieser Beginn des Kirchenjahres wurde nicht ursprünglich vom Advent an gerechnet; das griechische Kirchenjahr beginnt mit der Vorbereitungszeit auf Ostern, mit dem Sonntag Septuagesima; in Frankreich hat man noch im 15. Jahrhundert mit Ostern das Neujahr begonnen; in England beginnt das Kirchenjahr auch heute noch am 25. März; und das Breviarium der römischen Kirche beginnt ebenfalls am Septuagesima-Sonntag vor Ostern den Zyklus der Lektionen aus dem Alten Tesament mit Genesis I., welche Daten dafür sprechen, daß das Kirchenjahr des Christentums ursprünglich — der jüdischen Einrichtung gemäß — mit dem Ostern-Festkreis begonnen hat. Jedenfalls ist der Umstand, daß das christliche Kirchenjahr, obzwar der erste Januar eine kirchlich-religiöse Färbung bekommen hat, mit dem bürgerlichen nicht zusammenfällt, auf jüdischen Einfluß zurückzuführen.

Dieses Kirchenjahr zerfällt infolge der drei Hauptfeste in drei Teile: in den Osternfestkreis, Weihnachtsfestkreis und Pfingstfestkreis, entsprechend den jüdischen Wallfahrtsfesten: Pessach, Schabuoth und Sukkoth. Unter den Kirchenvätern sind Tertullian und Origenes die allerersten, welche von speziell christlichen Festtagen sprechen; Tertullian kennt und erwähnt als solche ausschließlich nur Ostern und Pfingsten, hingegen Origenes kennt und erwähnt schon außer Ostern und Pfingsten noch den Sonntag und Charfreitag. Haben die Christen zur Zeit des Origenes keine weiteren Feste gefeiert? Haben sie das Sukkothfest aus ihrem Kultus ganz gestrichen?

45

a) *Weihnachtsfestkreis.*

Der Sukkoth-Festkreis beginnt mit Rosch Haschana, eigentlich aber, die auf das Fest vorbereitenden vier Wochen mitgerechnet, mit dem ersten Tag des Monats Elul und endet mit dem letzten Tag des Laubhüttenfestes, den man in Jerusalem unter großen Feierlichkeiten mit Wasserschöpfen und Illumination begangen hat. Von den bis heute erhaltenen Zeremonien des jerusalemischen Festes sind hervorzuheben: der Rundgang — die Prozession — um den Altar mit Palmenzweigen unter Hosianna-Ruf, die dem letzten Festtag vorangehende Nachtwache — Vigilie — und am letzten Tage das Gebet um Regensegen. Zum Sukkoth-Festkreis gehört noch der Jom Kippur und der zur Erinnerung an den Märtyrertod des Statthalters Gedaljah eingesetzte Fasttag, welcher unmittelbar auf Rosch Haschana folgt.

Hiermit wären schon zur Genüge alle jene Motive angedeutet, welche einen Zusammenhang zwischen dem Sukkoth- und Weihnachts-Festkreis vermuten lassen.

Das Weihnachtsfest als Geburtstag Christi ist der Urgemeinde noch völlig unbekannt. „Die alte Kirche — sagt L o e s c h k e (Jüdisches und Heidnisches im christlichen Kult, Bonn 1910, p. 19) — hat den Geburtstag Christi überhaupt nicht gefeiert. Clemens Alexandrinus setzt die Geburt auf den 18. November, oder auf den 8. November. Origenes kennt unter den Christfesten die Weihnachten noch nicht. Als man die Geburt Christi zu feiern überhaupt begonnen hat, da feierte man sie am 6. Januar. Aber auch das Epiphanienfest ist jung: der 304 gestorbene Bischof Philippus von Heraclea und Ammian sind die ältesten Zeugen dieses Festes." „Weihnachtsfest im heutigen Sinne entstand in Rom erst zwischen den Jahren 354—360," aber selbst im 5. Jahrhundert war es noch in einzelnen Provinzen der Kirche unbekannt. Zur Entstehung dieses Festes wird mit einiger Sicherheit nur das angenommen, daß die Geburt Christi zuerst im Orient, in den griechischen Gemeinden gefeiert wurde, und zwar am 6. Januar, am Epiphanientag. An diesem

46

Tage wurde eigentlich gar nicht die Geburt, sondern die Taufe Christi gefeiert, und wie der Name Epiphanie = E r s c h e i n u n g d e s H e r r n auf die Geburt, so werden die anderen, ebenfalls von den Griechen stammenden Namen „Fest der Wasserweihe" und „Fest der Lichter" auf die Taufe gedeutet. Nun liegt es aber viel näher in diesen Benennungen die Spuren des jerusalemischen Wasserschöpf- und Fackelfestes zu suchen, das eine Nachahmung der eleusinischen Mysterien gewesen ist und als solches gerade bei den Griechen Anklang gefunden hat und gefeiert wurde. Wenn wir zu dieser Voraussetzung noch hinzunehmen, daß nach dem Evangelium Johannis (Kap. VII.) Jesus nicht am Pessach, sondern am L a u b h ü t t e n f e s t e zum ersten Male öffentlich erschienen und aufgetreten ist, zu welcher Zeit die Begrüßung seines Einzuges mit Palmenzweigen und Hosiannaruf eher verständlich ist, als am Pessach, so wird wohl auch die Annahme nicht zu gewagt sein, daß es mit der Zeit, als das Fest immer mehr christianisiert wurde, den ständigen Namen Epiphanie mit der Bedeutung „Erscheinung des Herrn in Jerusalem" erhalten hat.

Hat aber das Urchristentum im Sukkoth-Festkreis Rosch Haschana gefeiert? Nichts spricht dagegen: Jesus hat die Festtage betreffend gar keine Anordnung getroffen und die Urgemeinden waren eben christianisierte Judengemeinden. Sie haben mit den Juden Rosch Haschana gefeiert, an welches Fest die jüdische Tradition die Erinnerung an die Weltschöpfung und die Hoffnung knüpfte, daß der Messias im Monat Tischri kommen werde. Bei solchem Gedankenkreis war es in der Versammlung der judenchristlichen Urgemeinde unvermeidlich, auch an die Schöpfung der neuen Welt zu denken und davon zu sprechen, wie sich diese durch Jesus verkündete Erneuerung der Welt herausgebildet habe. Noch im vierten Jahrhundert hat sich dieser Zusammenhang zwischen dem christlichen Geburtsfest und dem jüdischen Neujahrstag als Fest der Weltschöpfung und Welterneuerung — deshalb ist auch im christlichen Kalender der Tag vor Weihnachten dem An-

47

denken von Adam und Eva geweiht — in den Worten des Ambrosius, Bischof von Mailand, unbewußt bekundet, der in einer am Tage des Geburtsfestes Christi gehaltenen Predigt (Migne l. XVII., p. 635) sagte: „Mit Recht nennt das Volk (vulgus) diesen Tag, die neue Sonne (solem novum), den auch die Juden so nennen." So haben die Juden den Tag nie genannt, aber am Rosch Haschana hat man in jüdischen und urchristlichen Gemeinden die im Midrasch erhaltenen Themata von der Weltschöpfung, von der Verkleinerung und gänzlichen Verhüllung des Mondes, der Herrschaft der Sonne viel besprochen und sie symbolisch gedeutet. Es kann ferner hier nicht unbeachtet bleiben, daß die römische Kirche am Weihnachtsfeste und am darauffolgenden Sonntag solche Psalmen in die Liturgie aufgenommen hat, welche dort keineswegs ursprünglich sein können, sondern nur aus dem jüdischen Neujahrs-Gottesdienst dort geblieben waren; es sind die Psalmen 47 und 89, aus welchen nach dem Schofarblasen in den Synagogen das Wort ertönt: „Heil dem Volke, das den Posaunenschall kennt" und „Aufgefahren ist Gott mit Jauchzen, der Ewige mit Posaunenschall".

Werfen wir nach allen diesen berechtigten Voraussetzungen einen Bick auf den jüdischen und christlichen Festkalender, so erkennen wir im Sukkoth-Festkreis den Weihnachtsfestkreis. Die vier Wochen des Monats Elul, als Vorbereitungszeit auf Rosch Haschana, sind die vier Adventwochen, als Vorbereitungszeit auf Weihnachten. Diese Adventszeit wurde in früheren Jahrhunderten von der römischen Kirche und wird noch heute von der griechischen Kirche nicht vier, sondern sechs Wochen lang gefeiert. Weshalb? Weil ursprünglich auch in der Synagoge eigentlich nicht vier, sondern sechs Wochen die Vorbereitungszeit auf Rosch Haschana gebildet haben. Die sogenannten sieben Trost-Sabbate zwischen dem Festtag Tischa Be-Ab und Rosch Haschana sind nämlich nicht alle Trost-Sabbate, sondern wie vor Tischa Be-Ab nur ein Trauer-Sabbat, so wurde nach Tischa Be-Ab nur ein Trost-Sabbat gehalten, die übri-

48

gen sechs Sabbate wurden als Vorbereitungs-Stationen des Rosch Haschana betrachtet. Wie in der Synagoge in der letzten Woche dieser Vorbereitungszeit täglich noch vor der Morgendämmerung Bußgebete gesprochen werden, so werden auch in der Kirche vor Weihnachten die Rorate-Messen gelesen. Wie das jüdische Fest mit dem Vorabende beginnt, so beginnt auch Weihnachten mit der Vesper, freilich nicht deshalb, weil Jesus in der Nacht geboren wurde, wie denn auch die Vigilien der ältesten christlichen Feste nicht deshalb eingeführt wurden, weil Jesus seine Nächte betend zugebracht hat, sondern weil die christianisierten jüdischen Feste ursprünglich mit dem Vorabend begonnen haben. Und wie die Synagoge den Gedenktag an Gedaljah, an den einzigen Märtyrer des jüdischen Kalenders auf den Tag nach Rosch Haschana festsetzte, so hat auch die Kirche den Tag nach Weihnachten für den Gedenktag an den ersten christlichen Märtyrer, Stephanus, bestimmt. Wie endlich in der Synagoge der Sukkoth-Festkreis mit dem Wasserschöpf- und Fackelfest abgeschlossen wurde, so schließt auch der Weihnachtsfestkreis mit dem an jenes jerusalemische Fest erinnernden Epiphanientag ab.

Der Umstand, daß heute der Epiphanientag auf den 13. Tag nach Weihnachten fällt, während das Wasserfest in Jerusalem auf den 21. Tag nach Rosch Haschana fiel, kann bei diesem Vergleich keine Einwendung bilden, denn alle christlichen Hauptfeste haben auch eine Oktav, welche ebenfalls festlich, wenn auch nur durch eine festliche Messe, begangen wird. Diese Oktav stammt aus dem Judentum, und ihre ursprüngliche Bedeutung ist nicht die, daß die Wochenwende des Festes eine festliche Stimmung hervorruft, sondern die, daß auch die jüdischen Feste acht Tage gedauert haben. Die spätere Entwicklung der Kirche hat nur die mittleren Halbfesttage ausgeschieden und bloß den Schlußtag als Oktav beibehalten. In dieser Oktav des Epiphanientages ist aber der 21. Tag nach Rosch Haschana noch immer vorhanden, man hat nur das feierliche Begehen des Festes auf den ersten Sukkothtag verlegt.

So erkennen wir den Sukkoth-Festkreis im Weihnachts-Festkreis. Als man im vierten Jahrhundert den Geburtstag Christi auf den 25. Dezember bestimmt hatte, wurde dieser ganze Festkreis, so wie er war, um zwei Monate verschoben.

Nur eines ist im Weihnachts-Festkreis nicht zu finden: der Jom Kippur-Tag. Es ist eben selbstredend, daß die Bedeutung dieses Tages, die Versöhnung mit Gott durch persönliche Buße und individuelle Rechtfertigung einen solchen Gegensatz gebildet hat zur christlichen Ideologie, zum Glauben an die Erlösung und Befreiung von den Sünden durch das Blut Christi, daß das Christentum durch Beibehaltung dieses Tages sich selbst desavouiert hätte. Und doch hat es eine Zeit gegeben, da auch dieser Tag mitgefeiert wurde. Zweifelloses Zeugnis hiefür liefert die römisch-katholische Kirche, die am Sabbath des Quatemberfasttages im Monate September, welcher Fasttag immer in die dritte Woche des Monates fällt, und somit gar oft mit Jom Kippur zusammenfällt, folgende Tageslektion hat, welche am Altar vorgelesen wird: „Und der Ewige redete mit Mose also: der zehnte Tag des siebenten Monats ist der Sühntag; da habt ihr Festversammlung im Heiligtum zu halten und euch zu kasteien und dem Ewigen ein Feueropfer darzubringen. Und an eben diesem Tage dürft ihr keinerlei Arbeit verrichten, denn der Sühntag ist es, daß man euch Sühne schaffe vor dem Ewigen, eurem Gott. Denn wer irgend an diesem Tage sich nicht kasteit, der soll weggetilgt werden aus seinen Volksgenossen. Und wer immer an diesem Tage irgend welche Arbeit verrichtet, einen solchen will ich hinwegraffen mitten aus seinen Volksgenossen. Ihr dürft da keinerlei Arbeit verrichten; das ist eine für alle Zeiten geltende Satzung von Geschlecht zu Geschlecht in allen euren Wohnsitzen. Als ein Tag unbedingter Ruhe soll er euch gelten und ihr sollt euch kasteien. Am Abend des neunten des Monates vom Abend bis zum Abend, sollt ihr das Fest feiern." Das ist das Jom Kippur-Gebot aus III. Mos. 23, 26—32; es wird allerdings lateinisch vorgelesen, daher

50

das Volk auch keine Ahnung davon hat, daß da — Dank dem Konservativismus der katholischen Kirche — heute noch der schlagendste Beweis dafür gegeben wird, daß das Urchristentum auch den Jom Kippur gefeiert hat. Nach Verschiebung des Sukkoth-Festkreises auf den Monat Dezember ist die Erinnerung an den Jom Kippur in der Kirche doch am rechten Platze geblieben, vielleicht deshalb, weil die Lektion ausdrücklich vom siebenten Monat spricht.

Es gibt im Weihnachts-Festkreis noch einen Tag, der unser Interesse beanspruchen darf, der aber aus den gewöhnlichen Kalendern verschwunden ist; es ist der Tag der Beschneidung. Es ist ja begreiflich, daß die landläufigen Kalender den ersten Januar nicht als denjenigen Tag bezeichnen, an welchem Jesus in den Bund Abrahams aufgenommen wurde, nur die amtliche Kirche weiht ihm eine feierliche Messe. Den Kalendern wird es aber kaum gelingen, die Tatsache aus dem allgemeinen Bewußtsein verschwinden zu lassen, daß auch an Jesus am achten Tage nach seiner Geburt die Beschneidung vollzogen wurde, denn das unbestreitbar originelle — so wird es amtlich behauptet — Merkmal dieser Tatsache, das Praeputium, wird als heiligste und wundertätige Reliquie in Rom aufbewahrt, in jener kleinen Kapelle, wohin die Scala Santa hinaufführt und über dessen Altar die Aufschrift zu lesen ist: Non Est In Toto Sanctior Orbe Locus = „Es gibt auf der ganzen Erde keinen heiligeren Ort". Es liegt uns ferne, auf die Frage eingehen zu wollen, ob die in Rom aufbewahrte Reliquie die richtige ist, oder nicht jene, welche in Charroux, Antwerpen, Paris, Brügge, Boulogne, Besançon, Nancy, Metz, La Puy, Conques, Hildesheim und Calcata gehütet und gezeigt werden, uns interessiert nur das eine zu wissen, daß die Circumcision Jesu in der christlichen Welt weitverbreitete Beachtung findet und durch die amtliche Kirche heute noch als Halbfesttag gefeiert wird.

Jüdischen Ursprungs, wenn auch erst später und durch Zurückgreifen auf das Alte Testament eingeführt, ist auch das Fest des ersten Erscheinens Jesu im Tempel, oder auch Purificatio und Lichtmeß genannt. Es ist ein Marien-Fest, gegründet auf die Verordnung von III. Mos. 12, 2, 8, wonach eine jede Mutter am vierzigsten Tage nach der Geburt eines Knaben im Tempel zu Jerusalem ein Reinigungsopfer hat darbringen müssen.

Endlich ist im Weihnachtsfestkreis noch das Quatemberfasten zu erwähnen. In den vier Jahreszeiten wird jedesmal drei Tage hindurch, am Mittwoch, Freitag und Samstag derselben Woche gefastet. Das Corpus Juris Canonici (Pars I. Distinctio LXXVI.) bestimmt diese dreitägigen Fasttage auf die erste Woche des Monates März, die zweite Woche des Monates Juni, die dritte Woche des Monates September und die vierte Woche des Monates Dezember, verwahrt sich aber ausdrücklich gegen etwaige Annahme, als ob diese Einführung „Hebraeorum ratione" geschehen worden wäre. Papst Leo der Große fand zwar daran nichts auszusetzen, und er — der ja dem Ursprung des Christentums bedeutend näher gestanden, als das Corpus Juris Canonici — behauptete noch, daß die Kirche mit diesen Fasttagen nur die jüdischen Fasttage des vierten, fünften, siebenten und zehnten Monats christianisiert habe. Diese Fasttage sollen mit der Bedeutung in die Kirche eingeführt worden sein, daß in den betreffenden Jahreszeiten um Segen des Feldes und um Regensegen gebetet werde. Letzteres ist auch der Zweck zweier Fastzeiten der Synagoge, wo nach Sukkoth und Pessach an drei auf einander folgenden Tagen, am Montag, Donnerstag und Montag, gefastet wird und deren Ursprung auf die große Bedeutung der Regenzeit in Palästina zurückgeht. Aus diesen zwei Fastzeitgruppen entstanden in der Kirche die dreitägigen Jahreszeitfasten.

b) *Osterfestkreis.*

Auch der Osternfestkreis läßt in allen seinen Zügen den jüdischen Ursprung leicht erkennen. Wie die „ausgezeichneten Sabbate" die einzelnen Stationen bilden auf dem Vorbereitungswege zum Pessachfeste, so hat auch die Kirche ihre ausgezeichneten Sonntage in der Zeit der Vorbereitung auf Ostern. Alle Sonntage des Jahres werden zwar nach den Anfangsworten der betreffenden Tageslektion, oder des Tagespsalms benannt, ebenso wie die Synagoge die einzelnen Sabbate mit dem Anfangsworte der Sabbatlektion benennt, aber die Sonntage vor Ostern werden außer mit den Namen Invocavit, Reminiscere, Oculi, Lätare usw. auch noch mit den Zahlwörtern septuagesima, sexagesima, quinquagesima (der 70., 60. und 50.) usw., entsprechend den Zahlen der Tage vor Ostern, besonders bezeichnet. Eigentlich hat sich in der Kirche nur die vierzigtägige (respektive sechswöchige) Vorbereitungszeit mit der Bedeutung der direkten Vorbereitung auf Ostern erhalten (quadragesima), aber die bezeichnenden Namen der dieser Zeit vorangehenden drei Sonntage, quinquagesima, sexagesima, septugesima, beweisen, daß es eine Zeit gegeben hat, wo in der Kirche auch diesen Sonntagen eine eigene Bedeutung zugeschrieben wurde. Die Kirche erklärt diese lange Vorbereitungszeit damit, daß in den ersten Jahrhunderten die Christengemeinden vierzig, fünfzig, sechzig, manche sogar siebzig Tage lang vor Ostern gefastet haben, entsprechend den verschiedenen Berechnungen über die Leidenszeit Jesu. Dieser Tradition widersprechen die Mitteilungen des Kirchenvaters Eusebius, wonach in der ältesten Kirche manche nur einen Tag, andere zwei Tage, wiederum andere bloß vierzig Stunden vor Ostern gefastet haben. Außerdem würde die siebzigtägige Fastenzeit durch die Faschingsfreude, wofür die ersten drei Wochen dieser siebzig Tage bestimmt sind, eine von der Kirche gewiß nicht beabsichtigte Dissonanz erleiden.

Alle diese Unebenheiten finden ihre Erklärung in der Entwicklungsgeschichte des christlichen Kultus. Der Gottesdienst der Juden war auch der der Urgemeinden. Wie in der Synagoge, so wurde in der christlichen Urgemeinde am Sabbat neun Wochen — beziehungsweise

53

in runder Zahl siebzig Tage — vor Pessach der Schriftabschnitt vorgelesen, in dem der Durchzug durch das Rote Meer und der Siegesgesang Mosis erzählt wird, weshalb jener Sabbat, als besonders ausgezeichneter Tag den speziellen Namen Sabbat des Gesanges (Sabbath Schira) erhalten hat. Dieser ausgezeichnete Sabbat hatte im Christentum noch zu Ende des vierten Jahrhunderts seinen Charakter noch nicht verloren gehabt, denn der Bischof Ambrosius hat in Mailand am Septuagesimasonntag über den Durchzug durch das Rote Meer gepredigt! Und wenn er am Schlusse der Predigt ausruft: „Seid nicht wie Jene, die durch das Rote Meer gezogen, aber in der Wüste zugrunde gegangen sind, sondern solche, die nach dem Durchzug (d. h. nach der Taufe) ins gelobte Land kommen", (Migne l. XVII, p. 553), so hätte er das wohl nicht getan, wenn nicht damals diese Schriftlektion gelesen worden wäre, wodurch seine Zuhörer schon im vorhinein auf diesen Schluß gleichsam vorbereitet gewesen wären.

Auch die Christengemeinden der ersten Jahrhunderte hatten ihren Sabbat Schira, welcher Tag für die Synagoge, gerade durch die freudvolle Erinnerung an den Auszug aus Ägypten schon als Beginn der Vorbereitungszeit auf das herannahende Freudenfest betrachtet werden konnte, und da hat auch das dazwischentretende Purimfest keine Dissonanz hervorgerufen. Das Christentum hatte aber die Faschingsfreuden mit der Trauer der Fastenzeit vor Ostern nicht vereinen können, infolgedessen wurde die Vorbereitungszeit auf Ostern nur auf sechs Wochen bestimmt, die neunte Woche (septuagesima) ist jedoch geblieben, ohne daß man gewußt hätte, woher sie eigentlich stammt. Nachdem nun die neunte und sechste Woche unter die ausgezeichneten Sonntage gereiht wurden, hat man auch die achte und siebente Woche mit besonderen Namen bezeichnet (sexagesima und quinquagesima), welche aber im Judentum nie besondere Bedeutung hatten.

Die sechs Wochen der Quadragesima haben in ihrer Liturgie die deutlichsten Spuren dessen erhalten, daß

54

das Urchristentum alle übrigen ausgezeichneten Sabbate des Judentums mitgefeiert hat. Unsere Untersuchung über Ursprung und Bedeutung der Prophetenlektionen (ZDMG. LXIII.) hat deutlich gezeigt, daß die ausgezeichneten Sabbate Schekalim, Zakhor, Parah, Hachodesch und Schabbath Hagadol in den Schriftlektionen und Psalmengesängen der ihnen vollkommen entsprechenden Sonntage selbst heute noch klar zu erkennen sind. Besonders charakteristisch ist der Zusammenhang zwischen dem Sabbat Parah (der roten Kuh) und der Zeremonie des Aschermittwochs. Heute beginnt mit diesem Tage das vierzigtägige Fasten; da wird auf das Haupt der Bußfertigen Asche gestreut und der Priester ruft wiederholt: Gedenke, daß du Asche (Staub) bist und zur Asche (zum Staub) zurückkehrst; beide sind biblische Motive; sich des Fleischgenusses während der Trauerzeit zu enthalten, wurzelt ebenfalls in jüdischer Tradition. Jüdischen Ursprungs ist die Art, wie die Asche gewonnen wird, und die Zeremonie der Reinigung mit der Asche erinnert an die am dritten Sabbat vor Pessach vorgelesene Vorschrift über die Opferung der Kuh, deren Asche mit Quellwasser vermengt auf die Unreinen gesprengt wurde. In der Kirche werden die am Palmsonntag des vergangenen Jahres geweihten Palmen zur Asche verbrannt und der Priester, nachdem er für die Bekehrung der Sünder, für die Reinigung der unreinen Seelen gebetet hat, besprengt sie mit Weihwasser und beräuchert sie mit dem Rauchfaß, worauf dann die Streuung der Asche auf die Bußfertigen folgt. Auf diese Zeremonie hat nicht allein das biblische Motiv eingewirkt, denn wahrscheinlich stammt noch aus Palästina die uralte Sitte der Juden, den Backofen für Mazza mit Palmen- und Weidenzweigen, welche am vergangenen Sukkoth gebraucht wurden, einzuheizen. Sicher ist es, daß in den ersten Jahrhunderten Aschermittwoch als fixe Institution völlig unbekannt war; erst das Konzil zu Benevent im elften Jahrhundert hat es verallgemeinert und alle Christen dazu verpflichtet.

Der Haupttag dieses Festkreises, das Osterfest, ist, trotz allen Strebens, das zeitliche Zusammentreffen dieses Festes mit dem jüdischen Pessach nur darauf beschränken zu wollen, daß die Auferstehung am Pessach geschehen war, unstreitig aus dem Pessach herausgewachsen. Wenn Apostel Paulus an die Gemeinde in Korinth geschrieben hat: „Darum feget den alten Sauerteig aus, auf daß ihr ein neuer Teig seid, gleich wie ihr ungesäuert seid. Denn wir haben auch ein Osterlamm, das ist Christus, für uns geopfert. Darum lasset uns Ostern halten, nicht im alten Sauerteig, auch nicht im Sauerteig der Bosheit und Schalkheit, sondern in dem Süßteig der Lauterkeit und der Wahrheit" (I. Kor. 5, 7, 8), so hat die Urgemeinde in Korinth ganz nach jüdischer Art Pessach gefeiert. Aber auch die Tatsache, daß das Christentum bis zum elften Jahrhundert das Osterfest volle acht Tage lang gefeiert hat, und erst dem Papst Benedikt XIV. gelungen war, im Jahre 1753 die Reduktion des Festes auf zwei Tage durchzuführen, beweist unwiderleglich, daß zwischen Ostern und Pessach ein tieferer Zusammenhang stattgefunden hat, als jener äußere Umstand der Auferstehung. L o e s c h k e (l. c. p. 8) hat auf die Quellen hingewiesen, aus welchen ersichtlich ist, daß das Osterfest ursprünglich gar nicht, oder wenigstens nicht allgemein als Fest der Auferstehung, sondern als Pessachfest gefeiert wurde. Und wenn K e l l n e r (Heortologie, Freiburg i. Br. 1911, p. 34) mit großem Aufwand von Scharfsinn und weitem Blick die Entscheidung des nicäischen Konzils (325), über die Festsetzung des Osterdatums, ausschließlich dem variablen Charakter des jüdischen Kalenders zuschreibt, so ist dem nur der Geleitbrief Konstantins des Großen, mit welchem er die nicäischen Beschlüsse an die Gemeinden abgesandt hat, entgegenzusetzen, wo es heißt: „. . Es muß vor allem einem Jeden unwürdig erscheinen, daß wir gerade im Begehen dieses heiligsten Festes der Sitte der Juden folgen. . . . Es sei zur Hauptaufgabe, mit allen Mitteln und aus vollem Herzen danach zu trachten, daß die Heiligkeit eurer Seele nicht angeschlossen und

56

vernichtet zu sein scheine mit gar keiner Gewohnheit dieser frevelhaftesten Menschen." In dem nicäischen Beschluß hat direkt die Absicht vorgeherrscht, den augenscheinlich jüdischen Charakter des Osterfestes ganz abzustreifen.

c) *Pfingstfestkreis.*

Dieser Festkreis ist der kürzeste und beschränkt sich, außer dem Akt der Weihe des stehenden Weizens, wodurch es sich an Pessach anschließt, an welchem das Getreide-Erstlingsopfer dargebracht wurde, auf das Pfingstfest; es ist der fünfzigste Tag nach Ostern und wird zum Andenken an die Ausgießung des heiligen Geistes über die Apostel gefeiert. Wohl war im biblischen Zeitalter das jüdische Pfingstfest nur ein Erntedankfest, aber die biblische Chronologie hat früh genug die Aufmerksamkeit darauf gerichtet, daß die Offenbarung am Sinai am fünfzigsten Tage nach dem Auszug aus Ägypten stattgefunden hat, und zur Zeit der Entstehung des Christentums war man sich dessen bewußt, daß die Gesetzgebung am Sinai am Schabuoth stattgefunden habe. Und der Zusammenhang der feurigen Zungen mit den feurigen Blitzesstrahlen am Sinai, wie auch mit der jüdischen Legende, daß die Gesetzgebung in siebzig Sprachen (das hebräische Laschon" bedeutet: Zunge!) gegeben wurde, kann ja auch nicht unbeachtet bleiben. Bemerken müssen wir noch, daß in früheren Jahrhunderten die Vigilie des Pfingstfestes in der Kirche mit besonderer Feierlichkeit begangen wurde, was sich im Judentum bis heute erhalten hat, da man die ganze Nacht wach bleibt und mit Lesen der heiligen Schrift zubringt.

Es sind wohl unwichtige Nebenumstände, aber doch charakteristisch für den einstigen engen Zusammenhang des Pfingstfestes mit dem Schabuoth, daß ursprünglich Pfingsten keine Oktav hatte, weil eben Schabuoth kein achttägiges Fest ist, ferner daß die Synode von Antiochien im Jahre 341 „die vierte Woche

57

des Pentecoste" und „die Mitte des Pentecoste" als eine besonders heilige Festzeit bezeichnet hatte, was vielleicht mit dem jüdischen Freudentag des Lag Baomer einen Zusammenhang haben mag, und endlich daß man in früheren Jahrhunderten die jüdische Sitte, am Pfingstfeste die Häuser mit grünen Zweigen und Blumen zu schmücken, nachgeahmt hat.

Zum Pfingstfestkreis gehört zwar der 9. Ab, die Erinnerung an die Zerstörung Jerusalems, nicht, aber insofern bildet er doch den Abschluß der Pfingstzeit, als gleich darauf die Vorbereitungszeit für Rosch Hoschana folgt. Hat sich eine Spur vom 9. Ab in der Kirche erhalten? In der griechisch-katholischen Kirche wird ein Teil der Tageslektion dieses Trauertages, II. Mos. 34, 4—8, am 6. (19.) August vorgelesen, wofür die Kirche absolut keinen weiteren Grund hat, als daß diese Lektion von altersher gebräuchlich war. Auf den 1. August, welcher Tag im katholischen Kalender als der Gedenktag an den Märtyrertod der Makkabäer bezeichnet ist, hat aber W. Bacher (Jahrbuch für jüd. Gesch. 1901, p. 70) hingewiesen und dargelegt, daß nicht nur die Urchristen, sondern auch die Juden in Palästina die Einnerung an die Makkabäerhelden mit dem 9. Ab, den Gedenktag der Zerstörung des Heiligtums, verbunden hatten. Das sind deutliche Spuren der Mitfeier selbst des nationalen Trauertages von Seiten der Urchristen.

d) *Der Sonntag.*

Die Sabbatfeier hat sich im Christentum sehr lange erhalten. Sozomemus, dessen Kirchengeschichte die Geschehnisse der Jahre 324—425 umfassen, sagt (Migne gr. LXVII. Lib. VII. cap. 19): „Es gibt keine Einheitlichkeit, weder die Zeit, noch die Art betreffend, wann und wie in der Kirche die Zusammenkünfte stattfinden; Manche tuen dies am Sabbat, Manche wieder am Sonntag." Das religiöse Leben der Urchristen kam in den sabbatlichen Zusammenkünften der Synagoge zum Ausdruck, später wurde der Sonntag, als der Auferstehungs-

58

tag Jesu neben dem Sabbat auch geheiligt, bis endlich der Sonntag den Vorrang gewonnen hat und der Sabbat im christlichen Kult ganz zurückgetreten ist. So wird der Entwicklungsgang allgemein aufgefaßt. Duchesne meint (l. c. p. 46): Wenn man uranfänglich auch am Sonntag zusammenkam, da geschah es nicht aus Feindschaft gegen die Juden; es lag den Urgemeinden fern, den Sabbat zu verlegen. Den Urgemeinden mag wohl der Gedanke fern gelegen haben, aber charakteristisch ist Viktorinus Petavianus, Bischof von Pettau, der gegen Ende des 3. Jahrhunderts in seinem Werke De Fabrica Mundi (Migne l. V. p. 506) sagt: Wir haben den siebenten Tag auf den Tag des Herrn verlegt, damit wir nicht den Anschein haben, als ob wir mit den Juden den Sabbat beobachten. Derselbe Geist weht uns noch im vierten Jahrhundert aus einer Homilie des Athanasius, Bischofs von Alexandrien, entgegen, da er sagte: Wir sind heute am Sabbat versammelt, aber nicht um den Juden nachzuahmen, sondern um Jesum, den Herrn des Sabbats, anzubeten; einst war unseren Vorfahren der Sabbat wertvoll, aber der Herr hat den Sabbat auf Sonntag verlegt. (Migne gr. XXVIII. p. 145.)

Es wird allgemein angenommen, daß schon zur Zeit der Apostel auch am Sonntag gottesdienstliche Zusammenkünfte veranstaltet wurden. Zum Beweis dafür zieht man I. Kor. 16. 2, und Apostelgesch. 20. 7 heran. Jedoch die Stelle im Korintherbrief: „Auf jeglichen ersten Tag der Woche lege bei sich selbst ein jeglicher unter euch, und sammle, was ihm gut dünkt, auf daß nicht, wenn ich komme, dann allererst die Steuer zu sammeln sei," beweist absolut nichts; hier wird nur das Sammeln von Beiträgen betont, welches auch außer den gottesdienstlichen Zusammenkünften geschehen konnte. Die Stelle der Apostelgeschichte jedoch lautet: „Wir aber segelten nach den Ostertagen von Philippi an bis an den fünften Tag, und kamen zu ihnen gen Troas und hatten da unser Wesen sieben Tage. Am ersten Tage der Woche aber, da die Jünger zusammenkamen, das

59

Brot zu brechen, predigte ihnen Paulus." Auch diese Stelle beweist nicht, daß schon zur Zeit der Apostel auch am Sonntag regelmäßig Gottesdienst abgehalten wurde. Das Brot zu brechen hieß damals noch entfernt nicht Gottesdienst abhalten. Paulus kam in eine fremde Stadt, wo er predigen wollte; am Sabbat fand er in der Synagoge die gehörige Anzahl von Zuhörern, aber an den Arbeitstagen konnte er nur dort predigen, wo Leute beisammen waren, ihr Mittag- oder Abendbrot zu verzehren. Und ist es denn überhaupt so ganz sicher, daß hier „am ersten Tage der Woche" den Sonntag bedeutet? Die Christen haben die siebentägige Woche, den Namen der Woche „Sabbat" von den Juden übernommen und die Tage der Woche nicht mit besonderen Namen bezeichnet, sondern nach jüdischer Art gezählt; Sonntag hieß der erste (Tag) des Sabbats, Montag der zweite (Tag) des Sabbats usw., indem das Wort Sabbat nicht nur den Ruhetag bezeichnete, sondern auch die Woche, den Zyklus der Tage von einem Sabbat zum andern. Das Schabuothgesetz der heiligen Schrift (III. Mos. 23, 15): „Vom Tage nach dem Sabbat sollet ihr sieben volle Sabbate zählen" beweist, daß „Sabbat" nicht nur die Woche von Sonntag bis Sonnabend bedeutet, sondern überhaupt einen Zyklus von sieben Tagen. Paulus kam nun nach Troas; an welchem Tage er dort anlangte, wissen wir nicht; er teilt nur so viel mit, daß er dort sieben Tage verbrachte und gleich am ersten Tage der S i e b e n den versammelten Jüngern predigte. Aus dieser Mitteilung läßt sich kein Schluß ziehen auf die gottesdienstliche Heiligung des Sonntags schon zur Zeit der Apostel. Der Märtyrer Justinus war der erste, der von einer Heiligung des Sonntags spricht und die Apostolischen Konstitutionen schreiben noch eine gleichmäßige Feier für beide Tage vor; Konstantin der Große hat zwar den Sonntag als ausschließlichen Ruhetag statuiert, aber die Kirche hat trotzdem noch in der ersten Hälfte des fünften Jahrhunderts fast allgemein den Sabbat gefeiert. Und als im späteren Mittelalter die ausschließliche Feier des

60

Sonntages schon allgemein war, konnte man dennoch nicht umhin, die Sabbattradition wenigstens soweit zu beobachten, daß man den Vorabend zur Sonntagsfeier zuzog. Die Synoden von Laodicea (789) und von Frankfurt (794) haben angeordnet, daß die Feier des Sonntags „von Abend bis Abend" dauern soll, „weil es III. Mos. 23, 32 ausdrücklich heißt: von Abend bis Abend sollt ihr euren Sabbat feiern!" Erst Papst Alexander III. hat die heutige Sitte eingeführt, daß die Feier des Sonntags von Mitternacht bis Mitternacht dauere.

Hier sei noch erwähnt, daß schon das Urchristentum außer dem Sabbat noch zwei Wochentage christianisiert hat: den Montag und Donnerstag. Die Didache, der älteste Katechismus sagt schon (VIII, 1): Ihr sollt nicht mit den Heuchlern fasten, denn sie fasten am zweiten und am fünften Tage der Woche, ihr aber sollt am vierten und am Rüsttage fasten. Am vierten Tag soll nämlich Jesus vom Rate verurteilt und am Rüsttage gekreuzigt worden sein; Grund genug dafür, daß diese beiden Tage dem Christentum als Fasttage gelten sollen. Man wird sich aber der Vermutung doch nicht verschließen können, daß die Didache diese Tage nicht empfohlen hätte, wären nicht vom Judentum die beiden anderen Tage gehalten worden.

B) Gebete.

Den Mittelpunkt des katholischen Gottesdienstes bildet die Messe. Sie besteht aus zwei Teilen, welche inhaltlich mit einander gar keinen Zusammenhang haben und auch äußerlich nur durch die unmittelbare Aufeinanderfolge verbunden sind. Der erste Teil wird noch immer Katechumenen-Messe genannt, im zweiten wird das eigentliche Meßopfer zelebriert, wo die mystische Umwandlung des Brotes (Hostie) und des Weines durch das Gebet des Priesters zur Durchführung gelangt. Ursprünglich hatte man nach der Predigt einen jeden,

61

der in die Christgemeinde nicht aufgenommen oder aus irgendwelchem Grunde nicht würdig befunden war, aus der Versammlung entfernt; dem ersten Teil, welcher aus Psalmengesängen, Vorlesung der heiligen Schrift und Predigt bestand, durften Juden, Heiden, sich zur Taufe Vorbereitende und auch Bußfertige beiwohnen, nach der Predigt jedoch blieben nur die Eingeweihten zurück, sie allein konnten an dem nun folgenden Brudermahl teilnehmen, welches zur Förderung der liebevollen Zusammengehörigkeit bestimmt war. Im Anfang besorgte ein jeder den eigenen Bedarf und brachte das Essen mit, welches gemeinsam verspeist wurde; später sorgte die Gemeindekassa für den gedeckten Tisch der Eingeweihten. Lokale Umstände haben infolge des Wachstums der Gemeinde eine weitere Entwicklung herbeigeführt, indem sich nur die Funktionäre zu Tisch setzten, die Speisen jedoch unter die Anwesenden durch dazu bestimmte Diener verteilt und auch den ferngebliebenen Kranken in die Häuser geschickt wurden. Schließlich ist es dazu gekommen, daß die Erinnerung an das Brudermahl sich nur in der symbolischen oder wirklichen Konsakrierung der Hostie und des Weines erhalten hat.

Hinsichtlich der Grundelemente des Meßopfers besteht in der Kirche die strenge Bestimmung, daß das Brot aus Weizenmehl bereitet und rundlich — nach der römischen Kirche auch ungesäuert — sei; der Wein muß wirklich aus Trauben gepreßt und während der Messe mit Wasser gemengt werden. So hat z. B. die ungarische Landeskirche im Jahre 1879 — zur Zeit der überhandgenommenen Weinfälschung — die Forderung gestellt, daß für die Kirche die Institution b e e i d e t e r Weinlieferanten eingeführt werde. Jedenfalls besteht heute noch die amtliche Verordnung, daß die Herkunft des Weines und des Brotes urkundlich nachgewiesen werden müsse. Es hat für uns kein weiteres Interesse, ob diese jüdische Sitte der Forderung eines Hekhschers genau beachtet wird oder nicht; wichtig ist nur jene Frage, wie es mit der Richtigkeit der kirchlichen Be-

62

gründung bestellt ist, daß das Brot dünn, rundlich und ungesäuert sei, dem Brote gleich, welches die Juden am Pessachfeste genießen, weil auch Jesus am letzten Abendmahle solches gegessen habe, und daß der Wein deshalb mit Wasser gemengt sein müsse, weil aus der Wunde nebst Blut auch Wasser geflossen war oder damit dadurch die Vereinigung Christi mit der Kirche angedeutet werde. Diese kirchliche Deutung ist eine späte Erfindung; sie stammt aus einer Zeit, da man es nicht mehr wußte, daß der Wein in Palästina so kräftig war, daß man ihn bei religiösen Anlässen, wo man nüchtern bleiben mußte, — und das ganze Leben der Juden war ja in Palästina unter dem „Drucke des Gesetzes" für diese religiös-sittliche Nüchternheit eingerichtet, — ohne Wasser gar nicht trinken durfte; laut religiöser Vorschrift mußte der Wein zu Kiddusch mit Wasser gemengt werden. Diese Vorschrift ward so allgemein befolgt, daß der talmudische Sprachgebrauch für „Wein einschenken" keinen anderen Ausdruck kennt, als eben nur Mozgin = Wein mengen. Das ist nun der einzige und wirkliche Grund, warum beim Meßopfer Wasser in den Wein gegossen wird: der Wein war in Palästina zu kräftig.

Aber auch die Erklärung des Brotes mit Hinweis auf die Mazza, welche Jesus beim letzten Abendmahl gegessen haben soll, ist nur nachträglich entstanden. Durch den Ideenkreis, welchen das Pessachfest um die Person Jesu gezogen, war man zwar in sehr früher Zeit auf den Gedanken gekommen, das letzte Abendmahl mit dem Seder der Juden zu identifizieren. Dieses Streben läßt sich schon in jener Bestimmung erkennen, welche die Nichteingeweihten aus dem Brudermahl ausgeschlossen hat. Die Urchristen hatten absolut keine Ursache sich zu verschließen oder nur die Eingeweihten zuzulassen; es wäre im Gegenteil im Hinblick auf die Anziehungskraft der Gemeinde nur ganz natürlich gewesen, wenn an den Segnungen eines Brudermahles auch solche teilgenommen hätten, die beitreten wollten. Die Urgemeinde wird sich zu dieser Bestimmung wohl durch die Vorschrift des Pessachopfers beeinflußt gefühlt haben: „Kein Fremder darf es mitessen" (II. Mos. 12, 43). Auch die Vermutung wird nicht unbegründet sein, daß in den Worten der Pessach-Haggada zu Beginn des Seder: „Dieses ist das Brot des Elends, welches unsere Väter in Ägypten gegessen haben; jeder, der da hungert, möge kommen und mitessen; jeder, der sich in Not befindet, möge kommen und das Brot mit uns brechen", eine verhüllte Polemik gegen die urchristliche Sitte enthalten ist, welche die Hungernden — waren sie Nichteingeweihte — aus dem Brudermahle ausgeschlossen hat. Auch die uralte Variante, ob man in der Haggada sage: „Dieses ist das Brot des Elends, welches unsere Väter gegessen haben", oder „Wie dieses ist, solches haben die Väter gegessen", wird gewiß irgendwelchen Zusammenhang haben mit dem Streit über Homousia (Jesu Gleichheit mit Gott) und Homoiousia (Jesu Ähnlichkeit mit Gott). Mag aber die Fixierung des letzten Abendmahles auf den Sederabend noch so frühen Datums sein, das eine ist sicher, daß das letzte Mahl nicht am Vorabende des Pessach hat stattfinden können. Die ganze wissenschaftliche Kritik ist in den Worten Staerks (Neutestamentliche Zeitgeschichte, II., p. 148) zusammengefaßt: „Sein letztes Mahl mit den Jüngern kann also nicht das gemeinkirchliche Passahmahl gewesen sein. Daß er nicht am 15. Nissan, d. h. am hochheiligen ersten Tag der Mazzoth gekreuzigt worden ist, ist selbstverständlich."

Als guter Jude hat Jesus, bevor er sich mit den Jüngern zu Tisch setzte, die Hände gewaschen, dann das Brot gebrochen, es an die Jünger verteilt und nach dem Essen über den Becher den Segen gesprochen und das Dankgebet gesagt. So tut es heute noch der Jude und dasselbe haben die Urchristen während des Brudermahls getan. Und wenn heute der Priester während der Zelebrierung des Meßopfers sich die Hände wäscht, bevor er die Hostie berührt, so geschieht das nicht deshalb, weil er die heilige Hostie sonst nicht in die Hand nehmen dürfte, sondern deshalb, weil sich auch Jesus die Hände

64

gewaschen hat, bevor er das Brot anrührte. Das Brudermahl hörte auf, aber das Waschen der Hände ist geblieben. Auch die jüdischen Gebete zu Speis und Trank waren den Urchristen — allerdings christianisiert — geläufig. Die Didache hat den Christen folgende Dankgebete empfohlen, an welchen das jüdische Gebet leicht und deutlich zu erkennen ist: „Betet über den Kelch: Wir danken dir, unser Vater, für den heiligen **Weinstock** deines Knechtes David, welchen du uns kundgetan hast durch deinen Knecht Jesus. Dir sei Ehre in Ewigkeit"; über das Brot: „**Wir danken dir, unser Vater, für das Leben und die Erkenntnis**, welche du uns kundgetan hast durch deinen Knecht Jesus. Dir sei Ehre in Ewigkeit"; nach dem Essen: „**Wir danken dir, heiliger Vater, für deinen heiligen Namen, dem du Wohnung gemacht hast** in unserem Herzen, **und für die Erkenntnis und den Glauben und die Unsterblichkeit**, die du uns kund getan hast durch deinen Knecht Jesu. **Du allmächtiger Herrscher hast alles um deines Namens willen geschaffen, Speise und Trank hast du den Menschen gegeben zur Nießung, auf daß sie dir Dank sagen**, uns aber hast du gnädig gespendet geistliche Speise und Trank und ewiges Leben durch deinen Knecht. **Vor allem danken wir dir, weil du mächtig bist. Gedenke Herr deiner Kirche, sie zu erlösen von** allem Bösen und sie zu vollenden in deiner Liebe und **führe sie zusammen von den vier Winden**, sie, die geheiligte, in dein Reich, welches du ihr bereitet hast; denn dein ist die Kraft und die Ehre in Ewigkeit." (IX. 2.—X. 5.) Diese Gebete sind nichts anderes als christianisierte Zusammenfassung der jüdischen Gebete zu Trank und Speise.

Aus dem Brudermahl wuchs die Zeremonie des Meßopfers hervor, dessen Liturgie auch solche Elemente erhalten hat, welche beweisen, daß die Zusammenkünfte der Urgemeinden nur an den Sabbattagen und die Brudermahle nach dem sabbatlichen Frühgottesdienste stattgefunden haben. Die dem Clemens Romanus zugeschriebenen Apostolischen Konstitutionen enthalten (Lib. VII. capp. 33—38) Gebete, die an das Hauptgebet des sabbatlichen Frühgottesdienstes anklingen und deren Verwandtschaft mit diesen Gebeten auf den ersten Blick zu erkennen ist. Kohler (Jewish Encyclopedia s. v. Didascalia) hat diese Gebete einander gegenübergestellt und nachgewiesen, daß in ihnen die christianisierte Tefilla des Sabbatmorgens vorliegt. „Allmächtiger Herr ... Gott unserer heiligen und sündenfreien Väter Abrahams, Isaks und Jakobs ... gesegnet seist du in Ewigkeit, Beschützer des Geschlechts Abrahams". „Dein ist die Macht in Ewigkeit". „Die heiligen Seraphen rufen: Heilig, heilig, heilig ist der Herr der Heerscharen, voll ist von seiner Herrlichkeit die ganze Erde. Und andere sagen hierauf: Gelobt werde die Herrlichkeit der Ewigen vor seinem Orte". „Allmächtiger Herr, du hast die Welt durch Christum erschaffen und den Sabbat zur Erinnerung an diese Schöpfung geheiligt, und uns geboten an demselben zu ruhen, über deine Gebote nachzudenken und Festtage hast du zur Freude unserer Seelen eingesetzt". „Und nun empfange mit Wohlwollen die Bitten deines Volkes .... da wir dir für alles Dank sagen" usw.

Von diesem uralten Sabbatgebet hat die römische Messe nur das dreimal Heilig erhalten in dem „Praefation" genannten Gebet, welches der Priester unmittelbar vor der Konsekration spricht. Daß dies aber kein Zufall, — denn es hätte schließlich auch als Zitat aus der heiligen Schrift in dieses Gebet hineingeraten können, — sondern wirklich eine Übernahme der Keduscha ist, beweist — worauf schon Baumstark (Die Messe im Morgenland, Kempten 1906, p. 133) hingewiesen hat, — die morgenländische Messe, wo die Praefation zum stillen Gebet geworden ist, und der Zelebrant die Stimme nur erhebt, um zu dem Gesang des Dreimalheilig durch die Gemeinde überzuleiten. Sonst ist die Zeremonie und Liturgie des Meßopfers von Ideen der Christologie so stark durchwirkt, daß andere sichere

Spuren der jüdischen Sabbatgebete nur sehr gezwungen in ihnen erkannt werden können.

Augenfälliger sind die Spuren jüdischen Gottesdienstes im ersten Teil der Messe, in der sogenannten Katechumenenmesse, war doch der Gottesdienst der ersten Christen ein rein jüdischer Gottesdienst, bestehend aus Psalmengesang, Vorlesung und Predigt. Freilich hat dann die Kirche im Laufe der Zeit die Zahl der Psalmen vermindert, sie sogar abgekürzt, den größten Teil der Vorlesungen ausgeschieden und an ihre Stelle neutestamentliche Stücke gesetzt. Trotz dieser Wandlung ist im ersten Teil der Messe, selbst in ihrer heutigen Form, der ursprüngliche jüdische Gottesdienst zu erkennen.

Beim Eintritt in die Kirche spricht der Priester an der untersten Treppe des Altars an die Hinfälligkeit des menschlichen Lebens erinnernde Bußgebete und das Glaubensbekenntnis, worauf er den Altar mit Weihrauch räuchert. So beginnt auch der jüdische Morgengottesdienst; auf kurze Segenssprüche folgen Gebete, welche der Allmacht und Allgüte Gottes die Nichtigkeit des Menschen gegenüberstellen, worauf das Glaubensbekenntnis Schema Jisraël gesprochen wird und dann die Opfergesetze, unter ihnen die Vorschriften über das Räuchern und über die Zusammensetzung des Weihrauches gesagt werden.

Nach dem Räuchern begibt sich der Priester vor den Altar, wo er mit den Assistenten abwechselnd antiphonisch einige Psalmverse singt. Auch bei den Juden hat der Vorbeter erst nach dem Weihrauchgesetz vor das Vorbeterpult zu treten und da werden ebenfalls Psalmen gesprochen, was vormals satzweise antiphonisch geschehen ist.

Nach dem Psalmgesang ruft der Priester abwechselnd mit den Assistenten sechsmal Kyrie Eleison und dreimal Christe Eleison, dann Gloria in Excelsis (Dich loben, Dich preisen wir, . . . denn Du allein bist heilig. Dir allein gebührt die Ehre usw.), womit auffallend übereinstimmen die im jüdischen Gottesdienst auf die Psalmen folgenden Anhäufungen von Gott lobenden Phrasen des Jischtabbach und die Responsen des Borkhu.

Hernach spricht der Priester ein stilles Gebet, dessen Absätze, je nach den Wochentagen oder Festtagen, an Zahl und an Inhalt verschieden sind, wie auch das bei den Juden ebenfalls hier folgende stille Gebet der Tefillah an Zahl und an Inhalt der Absätze den Wochentagen und Festtagen gemäß verschieden ist.

Nach dem stillen Gebet kommt die Lektion, die Vorlesung aus der Heiligen Schrift. Heute liest der zelebrierende Priester an der einen Seitenecke des Altars stehend den Abschnitt vor, aber bis zum neunten Jahrhundert war dies das Amt eines besonderen Lektors, der nicht am Altare, sondern an einem „ambo" oder „béma" genannten, erhabenen Orte gestanden und vorgelesen hat. Diese Bema ist die jüdische Bimah, die heute noch in den meisten Synagogen ein vom Vorbeterpult verschiedener und erhabener Platz ist, von wo aus in den meisten Fällen ein besonderer Lektor die Vorlesung vollzieht. Nach dieser Lektion, deren Stoff in dem ersten Jahrhundert ausschließlich aus dem Alten Testament genommen wurde und auch heute noch großenteils dorther stammt, geht der Priester auf die andere Seitenecke des Altars, wo er aus dem Evangelium vorliest. Es ist höchst interessant, daß die Lektion bis zum heutigen Tage mit einer ganz anderen, direkt nur für die Lektion bestimmten Kantillation vorgetragen wird, die von der Gesangsweise der übrigen Teile der Messe und selbst von der der Evangelien verschieden ist, wie auch die Thora-Vorlesung eine eigene Kantillation hat. Auch das ist bemerkenswert, daß nach der Lektion die Assistenten — in früheren Jahrhunderten das ganze Publikum — Deo Gratias rufen, sich für die Mitteilung des Gottesworts bedankend, was dem jüdischen Jischar Kochekha (im Jargon: Schekajach) entspricht, da doch früher der Aufgerufene selbst den Thora-Abschnitt vorgelesen hat. Inzwischen — während der Lektor von den Treppen der Bimah herunterkam, oder heute der Priester von der einen Seitenecke des Altars

68

zur anderen geht, um das Evangelium vorzulesen, — wird ein Graduale (Stufengesang) genannter Psalm gesungen, dessen Schluß ein doppeltes Hallelujah bildet, wie auch die Juden, während des Rundganges von den Treppen der Bimah und über die Treppen zum Altar beim Einheben der Thora einen Psalm und ein doppeltes Hallelujah singen. Nun folgt auf die Vorlesung aus dem Evangelium die Predigt, wie es auch bei den Juden geschieht, und hernach zum Schluß das Credo, welchem das jüdische Alénu-Gebet entspricht.

Somit trägt die Katechumenenmesse in allen ihren Teilen den Charakter des jüdischen sabbatlichen Morgengottesdienstes, woran sich in den ersten Jahrhunderten noch das Musafgebet anschloß, welches mit dem darauffolgenden Brudermahl verbunden zum zweiten Teil der Messe, zur mysteriösen Zelebrierung des Meßopfers geworden ist.

Es würde uns zu weit führen, wenn wir hier auf die Einzelheiten eingingen, um zu zeigen, was die Kirche in ihrer Lektion bis auf den heutigen Tag Gemeinsames mit der Synagoge hat, und daß das alles nicht zufällig, aus Achtung vor dem Alten Testament, aufgenommen, sondern aus der Synagoge in das Christentum hinübergetragen und durch den Konservatismus der Kirche treu bewahrt wurde.

Wichtiger für unser Werk ist die Erörterung der Frage, wie sich der Konservatismus der Kirche darüber hinwegsetzen konnte, die übernommenen Gebete und Gebetsordnungen der Synagoge, trotz mehrhundertjährigen Gebrauches, aus dem christlichen Gottesdienst so radikal zu streichen, daß man ihre Spuren in der Messe nunmehr nur mit Mühe auffinden kann. Die Kirche hat aus Rücksicht auf die Versammlung den öffentlichen Gottesdienst nach Möglichkeit reduziert; die Lektionen wurden abgekürzt, die vielen Psalmen bis auf einige Verse ausgeschieden, und auch die vielen Gebetszeiten wurden vermindert. Aber nur für die Gemeinde hat sie Erleichterung geschaffen, für die Priester jedoch nicht. Die Priester müssen alles Ausgeschiedene und in das sogenannte Breviarium verwiesene beten. Die uralte jüdische Andachtsübung kommt in der Gebetsordnung des Breviariums zum Ausdruck, wo dem Psalmworte (119, 164) „siebenmal des Tags lobe ich Dich" entsprechend für die tägliche Andachtszeit sieben Perioden: bei Tag die prima, tertia, sexta und nona, und für die Nacht drei horae nocturnae enthalten sind. Die prima ist um sechs Uhr des Morgens, die tertia um neun Uhr vormittags, die sexta um zwölf Uhr mittags, die nona um drei Uhr nachmittags und die Vesper um sechs Uhr abends, welche Zeiteinteilung noch aus Palästina herrührt, wo die Stunden nicht von Mitternacht bis Mittag, sondern von Früh bis Abend gerechnet wurden.

Im Breviarium kommen alle Psalmen an die Reihe und sind so eingeteilt, daß im Verlaufe einer Woche das ganze Psalmbuch durchgenommen wird. Das ist schon jüdisch. Aber außerdem gibt es auch noch für Tag und Stunde festgesetzte Psalmen, deren Gebrauch den jüdischen Ursprung bezeugt. Das sonntägliche Morgenofficium beginnt mit Psalm 95 (Lekhu nerannena) und das den Sonntag abschließende Nachtofficium mit Psalm 19 (Ha-Schamajim mesapperim), beide aus dem jüdischen Gebetbuche als speziell sabbatliche Psalmen bekannt. Außer diesen finden wir unter den auf den Sonntag fixierten Psalmen folgende im jüdischen Gebetbuch für die Wochentage und Sabbate bestimmten Psalmen: 6, 20, 100, 148, 150, 93, 149, 98, 99 und 92. Auch diese Psalmen in den Sonntagsofficien der heutigen Breviarien beweisen, daß das Urchristentum nicht den Sonntag, sondern den Sabbat gefeiert hatte. Auch das ist höchst charakteristisch, daß diese Psalmgebete im Breviarium jedesmal mit der Bitte eingeleitet werden: „O Herr, öffne mir die Lippen, und mein Mund verkünde Deinen Ruhm", welche Bitte von den Juden stets vor dem Achtzehngebet gesagt wird.

Daß einst die Urchristen auch die sonstigen Tagespsalmen der Juden übernommen haben, beweisen die syrischen Jakobiter, welche — wie B a u m s t a r k (Festbrevier und Kirchenjahr der syr. Jakobiter, Paderborn

70

1910, p. 154) gezeigt hat, — einst am Montag den Psalm 82 und Donnerstag den Psalm 81 gesagt hatten; letzterer ist heute noch bei den Juden der Donnerstagspsalm, hingegen ist Ps. 82 für den Dienstag bestimmt. Auf jüdischen Einfluß ist auch das von Baumstark (p. 111, Note 1) Erwähnte zurückzuführen, daß die syrischen Jakobiter in ihrem Brevier heute noch für den Vesper die Psalmen 120—134 haben, welche jedoch ursprünglich an allen Wochentagen vom 20. September bis 24. Dezember und vom 15. Januar bis zum Anfang der Quadragesima (also den ganzen Winter) gebetet wurden; diese Psalmen, die sogenannte Gruppe der Winterpsalmen werden heute noch bei den Juden von Sukkoth bis Pessach allsabbatlich zur Vesperzeit gesagt.

Außer den Psalmen kommen in der christlichen Liturgie aller Riten folgende alttestamentliche Gebete und Lieder vor: Mosis Siegeslied (II. Mor. 15), Mosis Abschiedsrede (v. Mos. 32), das Gebet der Hanna (I. Sam. 2.), das Lied der Serafim (Jesaj. 6), das Gebet des Propheten Jona (2), das Gebet Habakuks (3), und Israels Siegeslied (Jesaj. 26). Alle diese Lieder konnten vom jüdischen Einfluß ganz unabhängig in die Liturgie der Kirche gekommen sein, nur das Siegeslied Mosis nicht. „Ja, wer beachtet, — sagt Baumstark (l. c. p. 35.) — daß II. Mos. 15 (Das Siegeslied Mosis) einen integrierenden Bestandteil auch des synagogischen Frühgottesdienstes bildet, wird nicht umhin können, in dem morgendlichen Vortrag wenigstens dieses einen, zugleich auch keinem einzigen christlichen Ritus fremden Canticums eine jener liturgischen Fundamentalerscheinungen zu erkennen, welche die junge Kirche aus dem Schoße der Synagoge übernahm."

Zweifellos jüdischen Ursprungs ist unter den täglichen Gebeten des Breviariums das sogenannte Completorium, das Nachtgebet, welches in allen Stücken — von den christologischen Teilen freilich abgesehen — mit dem jüdischen korrespondiert. Die Elemente des römischen Nachtgebetes sind: das Vaterunser und das Glaubensbekenntnis, Psalm 91, 134, 4, das Zitat: „In deine

71

Hand empfehle ich meinen Geist, Du o Gott der Wahrheit, hast mich erlöst, behüte mich" usw., ferner dreimal Kyrie Eleison und zum Schluß die Benediktion: Gott segne und behüte dich usw. Dieselben Elemente bilden auch das jüdische Nachtgebet: Das Glaubensbekenntnis Sch'ma Jisraël, die Psalmen 91 und 134, statt Ps. 4 wird Ps. 3 gesagt, aber aus Ps. 4 wird auch hier Vers 5 gesagt: das dreimalige Lijeschuothekha kivvithi und die Benediktion Jevórekhekha. Auf den jerusalemischen Ursprung des Nachtgebetes weist Baumstark (l. c. p. 156) mit den Worten hin: „Es kann kein Spiel des Zufalls sein, daß dieselben (Psalmen) auch im griechischen und in der Komplet des römischen Breviers sich wiederholen."

Das Gelegenheitsgebet beim Antritt einer Reise, das Itinerarium des römischen Breviers, ist ebenfalls jüdisches Gut. Das Einleitungsgebet: „Der allmächtige und barmherzige Gott führe uns auf den Weg des Friedens und des Gelingens, sein Engel begleite uns auf dem Wege, daß wir in Frieden, Heil und Freude zurückkehren können" etc. entspricht beinahe wörtlich dem jüdischen Einleitungsgebet; hierauf folgt das dreimalige Kyrie Eleison, dem dreimaligen Lijeschuothekha kivvithi entsprechend; dann werden die gleichen Schriftverse zitiert: Eine feste Burg ist unser Gott; Seine Engel betraut er mit unserem Schutz; Herr, höre auf mein Flehen, etc. Die Schlußworte: „Brechen wir nun auf in Frieden im Namen des Herrn" und die Schlußworte: Be-Schem Adonaj Elohé Jisraël sind ganz identisch und lassen keinen Zweifel aufkommen über die Herkunft des römischen Gebets beim Antritt einer Reise.

Auch das Tischgebet hat bis zum heutigen Tag den Charakter des jüdischen Ursprungs bewahrt. Es ist das jüdische Mezumman, dessen responsorische Art im römischen Brevier beibehalten wurde. Die einleitenden, die Tischgenossen zum Gebet auffordernden Worte: „Lobet mit mir den Herrn und preisen wir seinen Namen. Gesegnet werde der Name des Herrn von nun an bis in die Ewigkeit" entsprechen vollkommen dem jüdischen Gebete. Die ferneren im Gebete zitierten Schriftverse: „Aller Augen schauen zu dir auf und du gibst ihre Speise zur rechten Zeit. Du öffnest deine Hände und sättigst einen Jeden nach seinem Wunsch" etc. sind auch Einlagen des römischen Tischgebetes.

Die Ausdrücke Amen, Hallelujah, Hosianna, Zebaoth, welche im christlichen Privatgebet und während des öffentlichen Gottesdienstes so oft wiederholt werden, verraten schon in ihrer äußeren Form den jüdischen Ursprung. Wenn Hieronymus berichtet, daß der Amen-Ruf der versammelten Gläubigen wie der Donner getönt hat, so ist das konform dem jüdischen Volksglauben: Wer auf die Gebete aus voller Kraft Amen ruft, dem wird das über ihn gefällte böse Verhängnis getilgt. (Sabb. 119 b.)

Im Anschluß an die Gebete und Liturgie der Kirche mögen hier noch folgende, die äußere Form des Kultus betreffende Bemerkungen ihren Platz finden.

Das responsorische und litaneiartige Wechselgebet der Kirche ist jüdischen Ursprungs. Die Hallelpsalmen wurden noch im jerusalemischen Tempel versweise abwechselnd gesungen und das älteste Fastenritual (Taanith II-i.) hat schon die Bestimmung, daß das Gebet gesprochen werde: „Der Abraham am Berge Morijah erhört hat, der möge euch erhören; der unsere Vorfahren am Schilfmeere erhört hat, der möge euch heute erhören; der Josua in Gilgel... Samuel in Mizpah... Elijahu am Karmel... Jona im Fische... David und Salomo erhört hat, der möge euch erhören." Das hat die Kirche übernommen und selbstredend mit den Heiligen erweitert.

Die Prozession des Christentums stammt ebenfalls aus dem Judentum. Schon die Könige David und Salomo haben die Bundeslade in Prozession herumgeführt (I. Chron. 13. II. Chron. 5.) und der Rundgang am Sukkoth mit den Palmenzweigen um den Altar war in Jerusalem ebenso fester Brauch, wie er noch heute in der Synagoge eingehalten wird. Das frühe Christentum kannte auch keine sonstigen Prozessionen, wie eben nur am Palmsonntag, nach der Palmenweihe, was auf den Lulab-Rundgang der Juden zurückzuführen ist.

73

Die Trauerzeremonie des Karfreitags wird vom Priester nicht nur ohne Meßgewand, sondern mitunter auch ohne Fußbekleidung vollzogen, was damit begründet wird, daß einst an Mose die göttliche Aufforderung erging: Ziehe deine Sandalen aus, denn die Stätte, auf die du trittst, ist heiliger Boden. Nein, nicht das ist der Grund; der Priester zieht während der Trauerzeremonie die Schuhe aus, weil die Juden auch heute noch in der Trauerzeit ohne Fußbekleidung sind.

Weihrauch, Öl und Chrisma (mit Balsam gemengtes Öl) spielen im kirchlichen Kultus eine bedeutende Rolle; ihr Gebrauch wird auf die Verordnungen der heiligen Schrift zurückgeführt.

Die beiden großen Wachskerzen, welche in der Kirche auf den Altar gestellt werden, sollen das Symbol der Feuersäule sein, welche in der Wüste Israel voranging. Eine solche symbolische Deutung dieser Kerzen, welche auch in jeder Synagoge anzutreffen sind, hat keine Spur in der jüdischen Literatur. Man hat diese Kerzen bloß deshalb, damit sie dem Vorbeter leuchten; diesem Zweck haben sie auch in den palästinensischen Synagogen gedient.

Das Tabernakulum, worin die Hostie aufbewahrt wird und welches in frühen Jahrhunderten unter einer auf Säulen angebrachten Vorhangdecke (Ciborium) stand, ist eine Nachbildung der heiligen Lade mit der Thora-Rolle, über welche ein Vorhang und eine Draperie gezogen ist.

Im Sanktuarium hängt die ewige Lampe und hat dieselbe Bestimmung, wie in der Synagoge.

In der Vorhalle steht ein Wasserbecken, das ursprünglich nur den in der Synagoge Befindlichen zum Händewaschen diente. Es ist eine Nachbildung des Beckens, welches im Vorhofe des jerusalemischen Tempels gestanden hat.

Zum Schluß sei noch darauf hingewiesen, daß man auch in der Kirche, wie in der Synagoge, beim Gebet gegen Osten sich wendet, und daß auch die Einteilung der Kirche in Vorhalle, Hauptschiff und Sanktuarium dem Bau der biblischen Stifthütte entspricht.

74

C) Sakramente.

Das Christentum hat nicht nur die Feste, Gebete und die liturgischen Formen des Judentums übernommen, sondern auch solche Elemente des Kultus, welche es später zu Sakramenten gemacht hat. Natürlich kennt die Synagoge kein Sakrament, jenen Gedanken, wonach „dem Gläubigen durch materielle Mittel eine übernatürliche Gnadengabe zu teil werde"; äußere Erscheinungsformen religiöser Handlungen des Judentums sind im Christentum zu solchen Sakramenten geworden.

a) Als erstes Sakrament gilt die Taufe. Laut biblischer Vorschrift hat sich der Unreine in lebendiges Quellwasser untertauchen müssen, wodurch die symbolische Reinigung der Seele erfolgt war. In diesem Sinne hat jeder Heide, der zum Judentum übertreten wollte, das Tauchbad nehmen müssen. Dem entsprechend hat auch das Christentum die Taufe, das Untertauchen im Quellwasser, durch welchen Akt die Aufnahme in die Gemeinde erfolgt. Wie bei den Juden, so konnte auch bei den Christen jedes beliebige Quellwasser, ein Bach, ein Fluß Taufwasser sein, und selbst die Baptiserien waren in früheren Jahrhunderten auf die von den Juden erlernte Art gebaut: neben der Kirche ein besonderes Gebäude mit vertieftem Becken, damit lebendiges Quellwasser heraufsprudeln könne; einige Treppen führten hinunter. Das dreimalige Untertauchen war ebenfalls jüdische Vorschrift. Im Anfang war sich dessen die Kirche vollkommen bewußt, daß die Taufe (das Tauchbad) an Stelle der Beschneidung getreten war. Das Dogma der Unauslöschbarkeit der Taufe kann in Wirklichkeit nur auf die Beschneidung angewendet werden. Deshalb wurde auch die Taufe an neugeborenen Kindern erst am achten Tage nach der Geburt vorgenommen, wie die Beschneidung. Erst im Jahre 254 hat ein afrikanisches Konzil auf den Antrag des Bischofs Fidus beschlossen, daß man keine acht Tage warte, „wie es die Juden tun." Noch im zehnten Jahrhundert gehörte es zum wesentlichen Bestandteil des Taufakts, daß das Kind nach dem Tauchbad in die Kirche getragen wurde, um des Altarsakramentes teilhaftig zu werden; da man aber den Kelch an den Mund des Säuglinges nicht führen konnte, tauchte der Priester einen Finger in den Wein und machte mit diesem befeuchteten Finger ein Kreuzzeichen im Munde des Kindes. Auf diese Weise wird bei den Juden heute noch nach der Beschneidung das Kind vor die Bundeslade gebracht und im Munde des Kindes nach dem Segen über den Becher Wein mit dem vom Wein befeuchteten Finger das Zeichen des Tetragramms, der Buchstaben J H W H gemacht.

b) Das zweite Sakrament ist die Poeniteuz. Der Sünder wird der Gnade Gottes gewiß, wenn er der dreifachen Anforderung: der aufrichtigen Reue, dem offenen Eingeständnis (Beichte) und der hinreichenden Satisfaktion (Sühneopfer) entsprochen hat. Das ist — abgesehen von der Ohrenbeichte, welche aus dem mißverstandenen und mißdeuteten Geständnis entstanden war, — ganz jüdisch. Nur mit diesem jüdischen Einschlag konnte die christliche Idee der Erlösung und Rechtfertigung der menschlichen Vernunft und Sittlichkeit näher gebracht werden. Es ist ausschließlich jüdische Lehre, daß Gott dem reumütigen, bußfertigen Sünder verzeiht, und daß solche Sünden, welche gegen Menschen begangen wurden, Gott nur dann verzeiht, wenn erst die betreffenden Menschenbrüder verziehen haben. Die drei Forderungen der jüdischen Lehre: Reue (Teschuba), Geständnis (Vidduj) und Sühnopfer (Kappara) hat das Christentum voll übernommen.

c) Ein ferneres Sakrament bildet die Firmung, deren Ursprung ebenfalls im palästinensischen vorchristlichen Judaismus liegt: in der Barmizwa des dreizehnjährigen Knaben, der von da ab allen religiösen Pflichten sich unterziehen mußte. Die Quellen sprechen zwar nicht davon, aber es ist doch wahrscheinlich, daß die Erlangung solcher Großjährigkeit in bürgerlichen und religiösen Pflichten mit einem gewissen landesüblichen feierlichen Akt begangen wurde. Der Spruch im Traktat Aboth (v. 24.): „Mit dreizehn Jahren beginnen die religiösen Pflichten", ferner die im Talmud erwähn-

76

ten zahllosen bürgerlichen und religiösen Rechte, welche einem dreizehnjährigen zukamen, sprechen dafür, daß man eine feierliche Weihe wohl voraussetzen darf. Apostel Paulus erwähnt öfters (Röm. 7, 9—11. I. Kor. 13, 11) die Zeit, da er noch ohne Gesetz lebte, das heißt, da er noch kein Bar Mizwo war. In der katholischen Kirche bestreift der Bischof des Konfirmanden Stirne mit Chrisma und der Priester trocknet sie mit Wolle gleich ab. Bis zum zehnten Jahrhundert jedoch herrschte die allgemeine Sitte, daß die bestrichene Stelle mit einem Band umgebunden wurde. Diese uralte Sitte mag einst vielleicht die Erinnerung an die Tefillin erhalten haben, die der dreizehnjährige jüdische Knabe während des Gebetes zu tragen begonnen hat.

d) Jüdischer Einfluß bekundet sich auch darin, daß im Christentum die Ehe zu den Sakramenten gerechnet wird. Es gibt nämlich im Sprachschatz der jüdischen vor- und nachchristlichen Literatur kein sonstiges Wort für „Eheschließung" als eben Kidduschin = Heiligkeit oder Heiligung. Die Heiligung der Ehe im Christentum, die Institution der sakramentalen Unlösbarkeit der Ehe ist aus diesem Wort herausgewachsen. Im Grunde genommen ist die Eheschließung auch in der Kirche nur ein bürgerlicher Akt, welcher, im Rahmen der Kirche vollzogen, mit Riten religiösen Charakters verbunden ist. Unter diesen Riten ist besonders hervorzuheben, daß der Ringwechsel, d. h. der Gebrauch zweier Ringe eine späte Einführung ist; in früheren Jahrhunderten war auch in der Kirche nur ein Ring gebräuchlich, den der Bräutigam auf den Zeigefinger der Braut zog, welcher Brauch bei den Juden bis heute erhalten blieb. Die griechische Kirche bewahrt noch heute die jüdische Sitte, daß der Priester den Segen über den Kelch spricht und davon dem Brautpaar zu trinken gibt. Ganz jüdisch ist in der Kirche die sogenannte „Brautweihe"; in früheren Jahrhunderten geschah dies in der Vorhalle der Kirche, wo der Priester, die Braut segnend, mit Hinweis auf die Stammutter Sara ein Gebet sprach, für die Braut um Leibesfrucht flehte und das Gebet mit dem bibli-

77

schen Priestersegen beschlossen hatte. Heute geschieht das vor dem Altar während der Trauung. Diese Brautweihe ist das jüdische „Bedecken", das sowohl bei Juden als auch bei Christen nur Jungfrauen zu teil wird. Daß die Brautleute vor der Trauung Buße halber in sich gehen müssen, ist ebenfalls auf jüdische Sitte zurückzuführen. Bei den Juden fastet das Brautpaar und verrichtet das Gebet mit dem Sündenbekenntnis. Bei den Christen hingegen beichten beide und nehmen das heilige Abendmahl. Daß ferner während der Trauer- oder Fastenzeit der Religionsgemeinschaft keine Ehe geschlossen wird, ist ebenfalls jüdischen Ursprungs.

e) Das Sakrament der letzten Ölung kennt das Judentum nicht, aber das Prinzip, vor dem Tode das Glaubensbekenntnis und Sündengeständnis abzulegen, damit die Seele reumütig die irdische Hülle verlasse und mit der Hoffnung auf ewige Gnade vor Gott erscheine, ist ganz jüdisch. Auch die um die Toten eingesetzte Trauerzeit, daß am 3., 7. und 30. Tage nach dem Tode, wie auch an der Jahreswende des Todes für den Verstorbenen gebetet werde, sind Rudimente jüdischer Trauergebräuche.

f) Das Sakrament des Abendmahls hat, außer den äußeren Formen, auf welche oben hingewiesen wurde, in seinem Inhalte mit dem Judentum nichts Gemeinsames.

g) Zum Schluß haben wir noch vom Sakrament des Priester-Ordens zu sprechen, das sich sowohl in Bedeutung wie Einteilung und auch Kleidung auf Grund der biblischen Vorschriften entwickelt hat. Das Urbild des Priesters ist der biblische Kohen, dessen Weihe teils durch Ölung, teils durch Handauflegung ihren Ursprung in der Bibel hat. Das Neue Testament weiß von Priestern noch nichts. Das Urchristentum ging aus der Synagoge hervor und seine Organisation knüpfte an die Synogalverfassung an. Nirgends findet sich eine Spur davon, daß die Apostel die Institution der Presbyter und der Bischöfe eingeführt hätten. Die Urgemeinde hatte

78

die in der Synagoge vorgefundene Verfassung, wo unter der leitenden Hauptbehörde der Ältesten, die Armenvorsteher und die Synagogenaufseher für die geistigen und materiellen Bedürfnisse der Glaubensgemeinde sorgten. Das Wort Episkopos ist nur die griechische Übersetzung des hebräischen Chazon, der in den palästinensischen Synagogen das Amt der Beaufsichtigung zu verrichten hatte und den Ältesten untergeordnet war. Erst das Tridentiner Konzil (Sessio XXIII. cap. IV.) hat über diejenigen den Kirchenbann ausgesprochen, die den Presbyter dem Bischof nicht für untergeordnet halten. Eine Erweiterung und Ausbildung der kirchlichen Verfassung erfolgte seit dem dritten Jahrhundert, als der Bruch mit der Synagoge sich erweiterte und die Dogmenbildung der altkatholischen Kirche die Funktionäre der Gemeinde höher gestellt hat als die Mitglieder der Versammlung. Da griff man auf die Bibel zurück und statuierte den zur Zelebrierung des Meßopfers befugten Hohen-Priesterorden, der, mit der Zeit in viele Stufen geteilt, zur Unterscheidung mit so verschiedenartigen Gewändern ausgestattet wurde, daß man ihre Herkunft gar nicht mehr kannte. Das Tridentiner Konzil (Sessio XXII, cap. 5) war dann bemüssigt, sie „auf apostolische Tradition" zurückzuführen. Nichtsdestoweniger hat dreißig Jahre nach dem Tridentiner Konzil das Dekret Gregors XIII. ohne Rücksichtnahme auf diese apostolische Tradition, alle Stufen des Priesterordens und ihre Amtskleider und Meßgewänder auf das Alte Testament zurückgeführt. (Corpus Juris Canonici, Pars I. Dist. 21, Pars III. Dist. I. 2.)

Die Meßgewänder haben tatsächlich eine so unüberblickbare Entwicklungsgeschichte, daß über ihre Herkunft die liturgischen Handbücher nichts sicheres zu sagen wissen. Einerseits gilt die Behauptung, daß sie sich aus der Tracht des römischen Bürgers entwickelt haben, andererseits gibt man in manchen Stücken zu, daß ihre Vorbilder in der alttestamentlichen Priestergewandung zu suchen seien. Auf die biblische Priesterkleidung gehen die Albe, das Rochett (Chorhemd), das Cingulum und die

79

Kopfbedeckung, sowohl die Mitra als auch das Birett, zurück. Aus den verschiedenen Abbildungen ersieht man, daß es erst im 17. Jahrhundert zur heutigen viereckigen Form, oben mit dem Kreuzeinschnitt, gekommen war; sonst war es stets kegelförmig, wie die Kopfbedeckung des Priesters in der biblischen Zeit. Der Amikt, die Stola, das Pallium und das Rationale werden mit Vorliebe als Anlehnung an die römische Kleidertracht oder als Nachbildung des biblischen hohenpriesterlichen Brustschildes behandelt. Sie sind aber nichts anderes, als die in verschiedener Form erscheinenden Nachbildungen des jüdischen Betmantels (Tallith).

Der Amikt ist ein rechteckiges weißes Tuch, an dessen oberem Saum sich oft ein reicher Zierbesatz befindet, und wird um Hals, Schultern und Brust geschlungen. Der Priester nimmt den Amikt an den beiden oberen Enden, küßt das dem oberen Rande nahe eingestickte Kreuz, legt ihn über den Kopf und läßt ihn dann auf die Schultern herab. Welcher Jude denkt da nicht sofort an den Tallith und die Art ihn anzulegen? Franziskaner und Dominikaner treten heute noch mit dem Amikt bedeckten Hauptes aus der Sakristei. Auf die Frage, wo die Gepflogenheit, den Amikt auf den Kopf zu legen, i h r e n U r s p r u n g genommen habe, ist die sichere Antwort gegeben, wenn man sich nur einen Juden ansieht, wie er sich in den Tallith hüllt.

Das Pallium ist heute ein aus weißer Wolle verfertigtes „ringförmiges, Brust, Nacken und Schultern umziehendes Ornatstück, von welchem vorn und rückwärts je ein etwa anderthalb Spannen langer Streifen herabhängt". Aber es hat nicht immer diese Form gehabt; man hat es oft mit dem Amikt vertauscht, denn dieses Ornatstück wurde in verschiedenen Gegenden verschieden benannt. Das Pallium hat einst Fransen an den vier Ecken gehabt, es war nicht ringförmig, und die Fransen an diesem priesterlichen Gewand wurden damit erklärt, „daß der Herr dem Moses befahl, es sollen die Kinder Israels an den vier Ecken ihrer Mäntel (palliorum) Fransen machen."

80

Das Pallium erhalten nur Erzbischöfe, aber auch Bischöfe wollten ein Zeichen ihrer Würde, ein Gegenstück des Palliums. Das ist das Rationale, welches zum Schulterschmuck oder zum Brustschild der Bibel in Beziehung gebracht wird. Über das Rationale haben wir erst vom Ende des 10. Jahrhundert die älteste Nachricht: Papst Agapet II. soll es dem Halberstädter Bischof verliehen haben, und gegenwärtig haben es nur die Bischöfe von Eichstätt, Krakau, Paderborn und Toul. Die Abbildung des ältesten Paderborner Rationale zeigt es als regelrechtes Arba Kanfoth (Tallith Katan)! Es ist nicht ohne Humor, daß der Papst auf dringendes Bitten des Bischofs, auch ein besonderes Zeichen seiner Würde zu besitzen, diesem statt eines erzbischöflichen Tallith einen Tallith Katan verliehen hat.

Und was die Stola anbelangt, so ist sie entschieden nichts anderes als ein zusammengerollter Tallith. Es war palästinensische Sitte, daß, wer bloß **einen** Tallith hatte, ihn nur am Sabbat herunterwallen ließ, sonst aber die ganze Woche hindurch zusammengerollt trug. (Sabbat 113 a, Pesikta sabbah cap. 23, p. 115, 6.) Die Apostel haben gewiß nur **einen** Tallith gehabt. Der Ursprung des Amikts und der Stola ist also in dem herunterwallenden und dem zusammengelegten Tallith zu suchen.

Ob die bischöflichen Handschuhe wirklich ihre Begründung darin haben, daß die Hände Jakobs mit kleinen Fellen bekleidet waren, als er dem Vater das gewünschte Mahl darreichte, oder vielleicht besser mit der talmudischen Tradition in Zusammenhang gebracht werden könnten, laut welcher im Tempel zu Jerusalem ein Hohepriester beim Dienste die Hände in Seide gewickelt hatte, lassen wir dahingestellt. Auch **die** Frage wollen wir offen lassen, ob die liturgische Farbenregel der Kirche wirklich von dem alttestamentlichen Kultgebrauch verschiedener Farben herrühre oder nicht. Papst Innozenz III. behauptet es.

* * *

81

Wenn wir nun den ganzen Komplex der jüdischen Elemente, die im Christentum zu finden sind, überschauen, könnte die Frage, was dem Christentum bleiben würde, wollte es alles Jüdische ausscheiden, unschwer beantwortet werden. Der Apostel Paulus hatte mit seinem Gleichnis vollkommen recht; er wollte den wilden Ölbaum durch Aufpfropfen edler Zweige veredeln, hatte aber Zweige des wilden Ölbaums dem edlen Ölbaum aufgepfropft. Die Zweige werden von den Wurzeln und vom Stamme getragen und — erhalten.

Druckindustrie-A.-G., Pilsen.

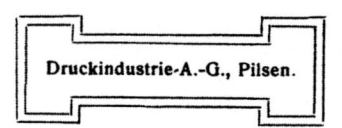

Wollet ihr denn nicht selbst gern orientiert sein über euere Religion, ihre Entwicklung, ihren Wert und ihre Bedeutung, um das Judentum endlich wieder selbst zu kennen und aufklärend auch in nichtjüdischen Kreisen wirken zu können?

Wollet ihr denn nicht eueren Kindern die genaue Kenntnis des Judentums beibringen, damit sie euch treu bleiben und nicht leichtgläubig absichtlichen oder irrtümlichen Entstellungen zum Opfer fallen? Ihr wollet es. Nun, ergreifet die Gelegenheit, die sich euch und eueren Kindern bietet zur Aneignung besserer Kenntnisse über euer Judentum: abonniert auf die **„Volksschriften über die jüdische Religion"**, *verbreitet sie und werbet ihnen Freunde.*

Die Volksschriften erscheinen jährlich von Oktober bis April in durchaus volkstümlich geschriebenen Heften von 3—4 Bogen Umfang. Jedes Abonnementjahr bringt 7 solche Schriften, soweit nicht die eine oder andere Schrift ein Doppelheft wird. Sollte es dem intelligenten Juden nicht wert sein, hiefür jährlich **5 Kronen (4 Mark 25)** *auszugeben!?*

Im ersten Jahrgang erscheinen noch folgende Werke:
März: **„Die Liebestätigkeit im Judentum"**
    von P. Goodmann-London.
April: **„Religion und Wissenschaft"** *von*
    I. Ziegler-Karlsbad.

Ihre Mitarbeit haben bestimmt zugesagt:

I. Abrahams, Cambridge. L. Baeck, Berlin. H. Bergmann, Prag. J. Bergmann, Berlin. S. Bernfeld, Berlin. A. Biach, Brüx. L. Blau, Budapest. Ph. Bloch, Posen. H. Chajes, Florenz. S. Daiches, London. G. Deutsch, Cincinnati. M. Doctor, Cassel. J. Elbogen, Berlin. D. Feuchtwang, Wien. M. Freudenthal, Nürnberg. S. Funk, Boskowitz. M. Gaster, London. L. Geiger, Berlin. J. Goldschmidt, Offenbach. L. Goldschmidt, Proßnitz. P. Goodman, London. L. Großmann, Cincinnati. M. Grunwald, Wien. J. Gutt-

mann, Breslau. E. G. Hirsch, Chicago. I. Hirsch, Karolinenthal. E. Hofmann, Reichenberg. B. Jacob, Dortmund. W. Jerusalem, Wien. A. Kaminka, Wien. L. Kecskemeti, Großwardein. B. Kellermann, Berlin. A. Kisch, Prag. G. Klein, Stockholm. K. Kohler, Cincinnati. S. Krauß, Wien. R. Leszynsky, Berlin. E. Levin-Dorsch, Marburg. L. Levy, Brünn. J. Lewkowitz, Schneidemühl. H. Malter, Philadelphia. C. G. Montefiore, London. E. Neumann, Großkanizsa. F. Perles, Königsberg. I. Pollak, Prag. S. Poznánsky, Warschau. N. Redisch, Wien. S. Samuel, Essen. J. Scheftlowitz, Köln. C. Seligmann, Frankfurt a. M. M. Simon, Manchester. S. Stern, Saaz. A. Tänzer, Göppingen. K. Thieberger, Budweis. L. Venetianer, Neupest. M. Vexler, Paris. H. Vogelstein, Königsberg. M. Wiener, Stettin.

Unsere Besten und Gelehrtesten arbeiten mit an dem großen Zweck, Kenntnis des Judentums, der Geschichte der jüdischen Religion den gebildeten Kreisen der Judenheit in leicht faßlicher Form zu bieten. An dieser Intelligenz liegt es jetzt, die Gelegenheit zu ergreifen, den Augenblick wahrzunehmen, der ihr zur Erweiterung ihrer Kenntnisse über das Judentum geboten wird.

Darum: **Abonnieret auf die „Volksschriften über die jüdische Religion" und werbet ihnen Freunde!!** *Jahres-Abonnement: 5 Kronen = 4 Mark 25.*

Der Herausgeber:

Dr. J. Ziegler=Karlsbad.

Man abonniert **direkt** beim **Herausgeber**, oder beim Verleger: **J. Kauffmann, Frankfurt a. M.**

Preis des Einzelheftes 80 Pf. = 1 K, des Doppelheftes Mk. 1.50 = K 1.80.

Neu eintretende Abonnenten erhalten die vorausgegangenen Hefte nachgesandt, soweit der Vorrat reicht.

ABBILDUNGEN

1. Ludwig Venetianer (Kecskemét 1867 – Újpest 1922)

2. Ludwig Venetianer (Csurgó, 1893)

3. Gebäude des alten Gymnasiums in Csurgó, wo er zwischen 1893-1895 unterrichtete. Heute: Heimatmuseum.

4. Fassade der Synagoge in Újpest (Berzeviczy Gergely utca 8.) Im Feld unter dem Fenster die Aufschrift: „Denn mein Haus wird ein Bethaus heißen für alle Völker." (Jesaja 56:7)
Die Synagoge wurde 1866 erbaut, sie war zur Aufnahme von 1000 Personen geeignet. In den 1970er Jahren wurde sie renoviert.

5. Frau Ludwig Venetianer mit ihren Kindern: Piroska, György, Márta, Ilona (Újpest, 1905)

6. Der Innenraum der Synagoge vor der Trauerliturgie. Alle Konfessionen ließen sich dort vertreten. Die Vertreter der staatlichen und gesellschaftlichen Gremien, die Lehrer und Schüler des Gymnasiums von Újpest und der Hauptschulen waren erschienen.

7. Nach der Trauerliturgie am 28. November 1922 zog der Trauerzug von der Synagoge zum Friedhof.

8. Der Grabstein von Ludwig Venetianer und seiner Gattin, angefertigt im Jahre 1915 nach dem Tod von Frau Venetianer, geb. Regina Ehrenfeld. Bei der Aufhebung des Jüdischen Friedhofs von Újpest im Jahre 1967 wurden beide auf dem Jüdischen Friedhof in Budapest (Kozma utca 6) in der Parzelle der Rabbiner beigesetzt.

9. Venetianer-Gasse 10 (Straßenschild aus den 1940er Jahren)

10. Erneuertes Straßenschild der Venetianer-Gasse (1994)

11. Inschrift der Gedenktafel über dem Eingang des Hauses
    Venetianer-Gasse 22-26 (1994)

>   Ludwig Venetianer
>   1867 - 1922
>   Jüdischer Oberrabbiner und Literaturprofessor
>   Mit seinem Namen ist der Aufschwung des religiösen
>   und kulturellen Lebens der Kultusgemeinde in Újpest verknüpft.

KÉPALÁIRÁSOK

1. Venetianer Lajos (Kecskemét 1867 - Újpest 1922)

2. Venetianer Lajos (Csurgó, 1893)

3. A régi gimnázium épülete Csurgón, ahol Venetianer Lajos 1893-1895 között tanitott. Napjainkban Helytörténeti Múzeum.

4. Az újpesti izraelita templom homlokzata (Berzeviczy Gergely utca 8.)
Az ablak alatti mezőben felirat:
"Mert házam imaháznak fog neveztetni mind a népek számára."
(Ézsaiás 56:7)

5. Venetianer Lajosné gyermekeivel: Piroska, György, Márta, Ilona
(Újpest, 1905).

6. Az 1000 személy befogadására alkalmas templomot 1866-ban építették.
Az 1970-es években újították fel.
A templom belső tere a gyászszertartás elött.

7. A gyászszertartás után a templom bejáratától indult el a gyászolókkal a menet 1922. november 28-án az újpesti zsidó temetőbe.

8. Venetianer Lajos és felesége síremléke 1915-ben készült V.L.-né Ehrenfeld Regina elhunyta után.
Az újpesti zsidó temető felszámolása után, 1967-ben temették újra őket Budapesten a rákoskeresztúri zsidó temetőben (Kozma u. 6.), a rabbik parcellájában.

9. Venetianer utca 10. (utcai névtábla az 1940-es évekből)

10. A Venetianer utca felújított névtáblája (1994)

11. Venetianer utca 22-26- szám feletti emléktábla felirata (1994)

> Venetianer Lajos
> 1867-1922
> Zsidó főrabbi és irodalomtanár volt.
> Nevéhez fűződik az újpesti hitközség vallási
> és kulturális életének fellendítése.

Abbildung 1

Abbildung 2

Abbildung 3

Abbildung 4

Abbildung 5

Abbildung 6

Abbildung 7

Abbildung 8

Abbildung 9

Abbildung 10

Abbildung 11

DIE WISSENSCHAFTLICHE TÄTIGKEIT VON LUDWIG VENETIANER IN EINER BIBLIOGRAPHIE ZUSAMMENGESTELLT

I. SELBSTÄNDIG ERSCHIENENE ARBEITEN

1.) **A fokozatok könyve** [Das Buch der Grade]. **Semtob Ibn Falaquera kéziratos ethikai munkája** [Das handschriftliche ethische Werk von Schemtob B. Joseph Ibn Falaquera]. Beiträge zur Geschichte der arabischen jüdischen Philosophie des 13. Jahrhunderts. (Dissertation) Szeged, 1890, Druckerei Bába (87) (in hebräischer Sprache verfaßt mit einer Zusammenfassung in deutscher Sprache) 1/a **Das Buch der Grade von Schemtob B. Joseph Ibn Falaquera. Nach Handschriften herausgegeben** (84) **und mit einer Einleitung versehen.** (I-XVII) Berlin, 1894, Verlag von Calvary & Co. 1/b **Photomechanischer Nachdruck der deutschsprachigen Auflage, Jerusalem,** 1971 (84). (XXVII)

2.) **A felebaráti szeretet a zsidó ethikában** [Die Nächstenliebe in der jüdischen Ethik]. Budapest, 1891, Hungária (29)

3.) **Ezekiels Vision und die salomonischen Wasserbecken.** Budapest, 1897 (40) Friedrich Kilián Nachfolger Kön. und Universitätsbuchhandlung. Druckerei Márkus. Populärwissenschaftliche Monatsblätter 1897

4.) **A zsidóság szervezete az európai államokban** [Die Organisation des Judentums in den europäischen Staaten]. Von der Israelitischen Ungarischen Belletristischen Gesellschaft preisgekrönte Abhandlung. Budapest, 1901 (575) Publikation der Franklin-Gesellschaft der Israelitischen Belletristischen Vereinigung.

5.) **A zsidóság eszméi és tanai** [Ideen und Lehren des Judentums]. Budapest, 1904, Singer und Wolfner, Druckerei Márkus (183)
2. Auflage, Budapest, 1913, Singer und Wolfner (185)
3. Auflage, Újpest, 1926, Publikation des Israelitischen Kulturvereins Dr. Lajos Venetianer. Druckerei Ritter (191)

6.) **A prófétai lekciók eredete** [Der Ursprung der Lektionen der Propheten]. Vergleichende liturgische Abhandlung. Budapest, 1908 (63) Herausg. Belletristische und Druckerei-AG Athenaeum.

7.) **Jüdisches im Christentum.** Frankfurt a. M., 1913, Kauffmann (82) 18 cm / Volksschriften über die jüdische Religion.

8.) Asaf Judaeus. A legrégibb héber nyelvű orvostudományi író. I. rész [Asaf Judaeus. Der aelteste medizinische Schriftsteller in hebraeischer Sprache].
Budapest, 1915, Druck von Adolf Alkalay und Sohn Nachfolger in Preßburg.
Jahresbericht der Landes-Rabbinerschule. Teil I. Budapest, 1915 (1-53) Teil II. Budapest, 1916 (55-124) Teil III. Budapest, 1917 (125-186)
8/a Asaf Judaeus. Erschienen in deutscher Sprache.
Straßburg, 1917-1918, Verlag Carl Trübner

9.) A magyar zsidóság története a honfoglalástól a világháború kitöréséig (Die Geschichte des ungarischen Judentums von der Landnahme bis zum Ausbruch des Weltkrieges]. Mit besonderer Rücksicht auf die wirtschaftliche und kulturelle Entwicklung. Budapest, 1922 (488)
Buchverlag der Hauptstadt Budapest AG.
20 cm

II. IN LEXIKA UND SAMMELBÄNDEN ERSCHIENENE PUBLIKATIONEN

1.) A ZSIDÓK ÁLTALÁNOS TÖRTÉNETE [ALLGEMEINE GESCHICHTE DES JUDENTUMS]. Band I.-VI.
Aufgrund des großen Werkes von Heinrich Grätz und mit besonderer Rücksicht auf die Geschichte der ungarischen Juden redigiert von Miksa Szabolcsi.
Zusammenstellung der Abschnitte mit Bezug auf die Geschichte der ungarischen Juden von Dr. Sámuel Kohn. An der Vorbereitung der Studien nahmen 17 Autoren teil, unter ihnen Dr. Ludwig Venetianer.
Budapest, 1906, Belletristische Aktiengesellschaft Phönix Budapest, Druck der Buchdruckerei Jókai.

1/a A bibliai történet és az újkori ásatások [Die biblische Geschichte und die neuzeitlichen Ausgrabungen]. Anhang (532-579) Budapest, 1906
Budapest, 1906, Belletristische Aktiengesellschaft Phönix, Budapest, Druck der Buchdruckerei Jókai.

1/b Sonderdruck aus dem Anhang von Band I der bei der Belletristischen Aktiengesellschaft Phönix, Budapest erschienenen Allgemeinen Geschichte des Judentums von Graetz. Budapest, 1906, Druck der Buchdruckerei Jókai (47)

2.) **The Jewish Encyclopaedia**. (Bd. I-XII)
A descriptive record of the history, religion, literature and costums of the Jewish people from the earliest times to the present days.
New York and London, 1902-1906.
Dr. Ludwig Venetianer war Mitarbeiter der Bände II-XII. Am Ende der Stichworte stehen die Initialen des Namens „L.V.". Der vollständige Name ist bei der Aufzählung der Autoren in jedem einzelnen Band zu finden. (Contributors to volume)
II.
Bakonyi, Sámuel (464)
Balassa, Joseph (469-470)
Bamberger, Béla (484)
III.
Bermann, Adolf (Pseudonym für Kóbor, Tamás) (85)
Bernstein, Béla (98)
Bernstein, Karl Hugo (99-100)
Bischitz, De Heves Johanna (228)
Boskowitz, Wolf (328)
Büchler, Alexander (414)
Bürger, Theodor (Pseudonym für Pillitz, Daniel) (430)
IV.
Chorin, Franz (44)
Decsey, Sigmund (499)
Deutsch, Heinrich (548)
Dóczy (Dux), Ludwig (629)
V.
Eisenstädter, Meir (auch bekannt als Meir Ash) (83)
[COMPARE JEWISH ENCYCLOPAEDIA, II. 176)
Engel, Gábor (Gabriel) (161)
Eötvös, Joseph Baron (184-185)
Farkas, Albert (345-346)
Farkas, Gyula (Julius) (346)
Feleki, Hugó (359)
Fényes (Fischmann), Adolf (362)
Fodor, Ármin (422)
Gerő, Karl (635)
VI.
Halász (Fischer), Ignaz (164)
Heller, Isidor (340)
Heller, Zebi Hirsch (auch Herschele Harif genannt) (343)
Heltay, Franz (343)
Herczeghy, Moritz (351)
Herczel, Manó de Szentpéteri (351)
Hevesi, Joseph (377)

Hirschler, Ignaz (421)
Holitscher, Philip (442)
VII.
Jellinek, Hermann (93-94)
Jellinek, Moritz (94)
Autoren: M. W. – L. V. (M. W. = Max Weisz Ph.D. Budapest, Hungary)
Kanitz, August (432)
Kármán, Moritz (ursprünglich: Kleinmann) (449-450)
Kiss, Joseph (505)
Klein, Julius (521)
Klein, Max (522)
Klein, Moritz (522)
Kohn (Pap), Dávid (543)
König, Julius (548-549)
Korányi, Friedrich (560)
Körösi, Joseph (563)
Kunos, Ignatz (583)
Lánczy, Leó (605-606)
Lász, Samuel (626)
László, Philip (626-627)
VIII.
Lichtenstein, Cornél (77-78)
Lichtenstein, Ludwig
Löw, Samuel (192-193)
Löw, Theodor (193)
Ludassy (Ganz), Moriz (205)
Machlup, Adolf (247)
Major, Julius (269)
Mandel, Paul (288)
Mandl, Ludwig Lazar (290)
Marczali, Heinrich (325)
Meisel, Wolf Alois (443-444)
Mendel (Name einer der angesehenen Familien in Buda (Ofen) 1482-1539) (474)
Mezei, Moritz (530-531)
Mezei, Franz (531)
IX.
Müller, Gabriel (106)
Munkácsy, Bernhard (111-112)
Murányi, Ármin (114)
Nasher, Snai Simon (170)
Neményi (Neumann), Ambrosius (223)
Neugebauer, Ladislaus (236)
Neumann, Ármin (236-237)

Nyári, Alexander (364)
Österreicher, Joseph Manes (442)
Óváry, Leopold (451)
Pagay, Hans (461)
Pagay, Josephine (461)
Palágyi, Ludwig (467-468)
Palágyi, Melchior (468)
Pester Jüdische Zeitung (655)
X.
Pollak, Kaim (115)
Posner, Karl (Ludwig von Radó) (145)
Radó (ursprünglich: Roder), Anton (307)
Ranschburg, Paul (316)
Reich (Rajk), Aladár (365)
Reich, Ignáz (Eizig) (363-364)
Réthy, Móriz (386)
Révai, Mór (390)
Róna, Joseph (467-468)
Róna, Sámuel (468)
Rosenberg, Julius (474)
Rózsavölgyi (Rosenthal), Márkus (505-506)
Rózsay, Joseph (506)
Sajó, Aladár (644)
Salgó, Jakob (651)
XI.
Sándor, Paul (41)
Saphir, Moritz Gottlieb (51)
Schey, Philip, Baron von Koromba (96)
Schill, Salamon (101)
Schossberger de Torna, Simon Wolf (109-110)
Schreiner, Martin (112)
Schreyer, Jakob (112)
Schwarc, Gustav (118)
Silberstein (Ötvös), Adolf (336)
Simon, Joseph (370)
Simonyi, Sigmund (376)
Skuteczky, Damianus (400)
Sofer, Hayim ben Mordecai, Ephraim Fischl (425-426)
Stern (Szerényi), Albert (549)
Stern, Max Emanuel (Mendel Bri Stern) (551)
Stiller, Bertalan (554)
Straus, Adolf (567)
Stuhlweißenburg (ungarisch: Székesfehérvár; lateinisch: Alba Regia) (572-573)

Sváb, Karl (606)
Szabolcsi, Max (649)
Szántó, Abaúj Szántó (649)
Szenes, Philip (651)
Szili, Adolf (652)
Tábori, Róbert (665)
XII.
Teitelbaum, Moses (74)
Telcs, Eduard (77-78)
Tenzer, Paul (103)
Transylvania (ungarisch: Erdély, deutsch: Siebenbürgen) (234-235)
Tull, Edmund (271)
Újhely (Sátoraljaújhely) (339)
Ullmann, Alexander de Erény (340)
Vázsonyi, Wilhelm (403-404)
Veigelsberg, Leo (405-406)
Vészi, Joseph (426)
Visontai, Soma (442)
Wahrmann, Moritz (457-458) Autoren. E. N. – L. V.
(E. N.: Eduard Neumann Ph. D., Oberrabbiner in Nagykanizsa, Ungarn)
Wechselmann, Ignaz (481)
Weisz, Berthold (499)
Wodianer, Philip (545-546)
Wolfner, Theodore (554)

3.) **A zsidók szerepe az emberiség kulturájában** [Die Rolle der Juden in der Kultur der Menschheit]. (Ausschnitt 64-69)
CULTUR-ALMANACH, Budapest, 1910 (187)
Redaktion: Dr. Simon Hevesi
Herausg. vom Ungarischen Israelitischen Kulturverein

4.) **Zsidók a legújabb orvostudományban** [Juden in der jüngsten Medizin]. Cultur-Almanach, Budapest, 1910

5.) **Beszédes kövek** [Beredte Steine]. (Über die Ergebnisse der Ausgrabungen mit 16 Abbildungen im Text). I. Ägypten, II. Palästina, III. Assyrien
Ungarischer Jüdischer Almanach. Jahrgang I, 1911 (9-16)
Redaktion: Dr. József Patay

6.) **TOLNAI VILÁGLEXIKONA** [Weltlexikon des Tolnai-Verlags]. Sammlung der Kenntnisse. Buch des allgemeinen Wissens und der allgemeinen Bildung. Bd. I-VIII erschienen zwischen 1912-1918, sämtliche Stichworte mit jüdischen Beziehungen verfaßt von Dr. L. V. Magyar Kereskedelmi Közlöny Hírlap és Könyvkiadó Vállalat, Budapest.
6/a **1926 wurde die Reprintausgabe aufgenommen, in der auch Dr. L. V. gedacht wurde.** Tolnai AG, 1926

7.) **Ötvös** (Einführung) Jüdischer Familienkalender. 1913/1914

8.) **Lipót Löw** (5-26) Populäre Jüdische Bücherei. Nr. 10. Budapest, 1923. Red. József Bánóczy und Ignácz Gábor (63)

III. REDEN UND ANSPRACHEN

1.) **A szeretet Izraelben** [Die Liebe in Israel]. Szabadka, 1892, Druckerei Schlesinger (12)

2.) **Az isteni szövetség** [Der göttliche Bund]. Antrittsrede. Gehalten im Tempel der israelitischen Kultusgemeinde in Somogy, Csurgó am 31. August 1892. Csurgó, 1892. Druckerei von Gyula Vágó (16)

3.) **Kibékülés az élettel és a halállal** [Versöhnung mit dem Leben und dem Tod]. Predigt im Tempel der israelitischen Kultusgemeinde in Szigetvár am 27. Mai 1893. (Meiner Frau zur Erinnerung an den 28. Mai 1893.) Somogy, Csurgó, 1893. Druckerei von Gyula Vágó (15)

4.) **Lajos Kossuth. Gedenkansprache. Gehalten im Tempel der israelitischen Kultusgemeinde in Somogy-Csurgó am 28. März 1894.** Herausgegeben von der Israelitischen Kultusgemeinde in Somogy-Csurgó. (12)

5.) **Ezredéves ünnepünk** [Unser Milleniumsfest]. Drei Festreden.
Hétszeres fohász [Siebenfaches Gebet]. Dankgottesdienst der israelitischen Schülerschaft in Lugos. [Lugos im ehemaligen ungarischen Regierungsbezirk Krassó-Szörény, heute Lugoj Rumänien]. (5-8) 9. Mai 1896
Tíz korszak [Zehn Epochen]. Dankgottesdienst der israelitischen Schülerschaft in Lugos. (11-168) 10. Mai 1896
Hétszeres ünnep [Der siebenfache Feiertag]. Festlicher Dankgottesdienst der israelitischen Kultusgemeinde in Oravica.
14. Mai 1896
Szeged, 1896, Buchdruckerei von Trombitás und Comp. (19-24)

6.) **1848. márczius 15.** [15. März 1848]. Festansprache. Gehalten am 15. März 1898 im Tempel der israelitischen Kultusgemeinde in Újpest von Oberrabbiner Dr. L. V. Publiziert von der israelitischen Kultusgemeinde in Újpest. (Die Reineinnahmen werden für den Schulfonds verwendet.) Druckerei Bernát Schön, Újpest.

7.) **Erzsébet** [Elisabeth]. **Felséges királyasszonyunknak 1898 szeptember 10-én történt gyászos elhunyta alkalmából. A tiszta jövedelem az újpesti izraelita nőegylet leányárvaházának „Erzsébet" alapítányára fordíttatik** [Anläßlich des traurigen Ablebens unserer Königin am 10. September 1898. Die Reineinnahmen werden für die Stiftung „Elisabeth" des Mädchenwaisenhauses des israelitischen Frauenvereins in Újpest verwendet]. 1898, Újpest, Druckerei Bernát Schön.

8.) **Gyászbeszéd, melyet istenben boldogult dr. Boscovits Alajos orvos temetése alkalmával tartott Újpesten** [Traueransprache bei der Beisetzung des in Gott verschiedenen Arztes Dr. Alajos Boscovits]. 20. Dezember 1898. Budapest, 1898. Zentrale Gemeindedruckerei AG, Budapest (8)

9.) **A három őrség** (Die drei Wachen). Inaugurationsansprache. Gehalten in Újpest am 21. Juli 1896. in: Magyar Zsinagóga [im Weiteren: M. ZS. Ungarische Synagoge) Ungarisches Fachblatt für Homiletik und für Seelsorger. Redaktion: József Lebovits, Oberrabbiner von Mágócs. I. 2. (333-342) Budapest, 1900

10.) **Isten intése** [Gottes Warnung, Alkalmi beszéd]. Gelegenheitsansprache auf dem Gottesdienst vor der Generalversammlung der Vereinigung „Bihur Cholim" im Monat Tebeth. in: M. ZS. I. 3. (81-85) Budapest, 1900

11.) **Az egyéni szabadság** [Die individuelle Freiheit]. (Pesach).
in: M. ZS. I. 7. (197-203) Budapest, 1900

12.) **Gondolatok gyászbeszédekhez** [Gedanken zu Grabreden]: I. Über einen Rabbiner, II. Über einen Lehrer, III. Über einen alleinstehenden anständigen Menschen, IV. Über einen am Ende seines Lebens viel leidenden gerechten Mann, V. Über einen Selbstmörder. in: M. ZS. II. 11. (350-356) Budapest, 1901

13.) **Libanoni koszorú** [Kranz vom Libanon]. Festansprache anläßlich des 100. Jahrestages der Geburt von Lajos Kossuth am 19. September 1902 im israelitischen Tempel in Újpest. Druckerei von Ábrahám Kaufmann, Máromarossziget, 1902 (8)

14.) **Hol a thóra?** [Wo ist die Thora?] in: M. ZS. III. 8. (232-240) Budapest, 1902

15.) **A nők szive. Árvaház avatása** [Das Herz der Frauen. Einweihung des Waisenhauses]. in: M. ZS. III. 10. (303-308) Budapest, 1902

16.) **Libanoni koszorú** [Kranz vom Libanon].
in: M. ZS. IV. 9. Budapest, 1903. Auch als Sonderdruck

17.) **Szabadság a szolgaságban** [Freiheit in der Knechtschaft]. (Pesach)
in: M. ZS. VI. 1. (209-218) Budapest, Mai 1905

18.) **Üdv forrása** [Die Quelle des Heils]. (Sebouth)
in: M. ZS. VI. 9. (241-250) Budapest, Juni 1905

19.) **A sátor tanítása** [Die Lehre des Zelts]. (Sukkoth)
in: M. ZS. VI.1. (1-5) Budapest, Oktober 1905

20.) **Kinyilatkoztatás** [Die Erklärung]. (Sebouth)
in: M. ZS. VII. 8. (200-206) Budapest, Mai 1906

21.) **Világosság** [Das Licht]. (Sebouth)
in: M. ZS. VII. 3-10. (218-224) Budapest, Juni – August 1906

22.) **Rákóczi hamvai** [Die Asche Rákóczis].
in: M. ZS. VIII. 93. (48-52) Budapest, Dezember 1906

23.) **Törekvések a múltban és a jelenben** [Bestrebungen in der Vergangenheit und in der Gegenwart]. (Pesach)
in: M. ZS. X. Budapest, 1909

24.) **Emberi erények** [Menschliche Tugenden]. (Chanuka)
in: M. ZS. X. Budapest, 1909

25.) **Peszach első napján** [Am ersten Tag des Pesachs].
in: M. ZS. XI. (153-160) Budapest, 1910

26.) **Emberszeretet** [Menschenliebe]. (Über Noeh)
in: M. ZS. XI. (43-49) Budapest, 1910

27.) **Bacher Vilmos 60. születésnapján** [Am 60. Geburtstag von Vilmos Bacher]. (Predigt) Újpest, in: Magyar Zsidó Szemle [Ungarische Jüdische Rundschau]. Jahrgang XXVII. 1910 (212-216)

28.) **Löw Lipót** [Lipót Löw]. Gedenkansprache. Gehalten am 4. Juni 1911. Auf S. 272 ein Verweis, daß sie in Újpest und auch in englischer Sprache erschienen ist. In: M. ZS. XII. (266-272) Budapest, 1911

29.) **Chanuka** in: M. ZS. XIII. 3. (49-55) Budapest, 1912

30.) **Szombati prédikációk** [Predigten am Sabbat]. in: M. ZS. XIII. 2. (46-50) Budapest, November 1913

31.) **Wellesz Gyula** [Gyula Wellesz]. in: M. ZS. XVI. Budapest, 1915

32.) **Bárány József** [József Bárány]. in: M. ZS. XVII. Budapest, 1916

33.) **Fohászok** [Gebete]. (Im Tempel der israelitischen Kultusgemeinde in Újpest). Am Sabbat, Neujahr, am Sühnetag, am Laubhüttenfest. (Die Einnahmen gehören der städtischen Volksküche.) Budapest, Druckerei Márkus, o. J. (32)

34.) **I. Ferencz József és IV. Károly** [Franz Joseph I. / Karl IV.]. Ansprachen. Anläßlich der Beisetzung Franz Josephs I. am 30. November 1916. (12) Anläßlich der Krönung Karls IV. am 30. Dezember 1916. (15-20) Ansprachen im Tempel der israelitischen Kultusgemeinde in Újpest. Herausgegeben von der israelitischen Kultusgemeinde in Újpest. Újpest, 1916

35.) **Hitszónoklatok** (Predigten). Gehalten von Oberrabbiner Dr. L. V. am Neujahrstag, am 1. und 2. des Monats Tishri des Jahres 5680 (25.-26. September 1919) im jüdischen Tempel in Újpest. Kunstanstalt von Endre Pápai in Budapest.

IV. VORTRÄGE

1.) **A munkáskérdésről** [Über die Arbeiterfrage]. Beilage des Wochenblattes „Csurgó und Umgebung".(20) Csurgó, 17. Dezember 1893 Gehalten vom Bezirksrabbiner Dr. L. V. in Csurgó auf die Einladung des Selbstbildungsvereins der Kaufleute und Handwerkergesellen.

2.) **A felvételi rituálénak egy tévedéséről** [Über einen Irrtum des Rituals der Aufnahme]. Vorgetragen von Dr. L. V. auf der Sitzung der Loge „Licht" am 3. Mai 1899. in: KELET [Der Osten], die offiziellen Mitteilungen der Symbolischen Großen Loge Ungarns. Nummer 6-7 des Jahrgangs XI (24) (160-164). Manuskript für Freimaurer. Budapest, Juni-Juli 1899

3.) **Az emberiség haladásáról** [Über den Fortschritt der Menschheit]. Vorgetragen auf der Sitzung am 27. Oktober 1900 der Loge „Árpád" von Dr. L. V., Mitglied der Loge „Licht".In: KELET, Chefredakteur: Mór Gelléri. Jahrgang XIII.26.2.(70-75) Budapest, Oktober 1910

4.) **Mit várhatunk korunk közszellemétől?** [Was können wir vom öffentlichen Geist unserer Zeit erwarten?] Vorgetragen auf der ordentlichen Sitzung der Loge „Licht" am 18. März 1901. in: KELET , XIII. 4. (111-118) Budapest, 20. April 1901

5.) **Szabadkőművesek a II. században Krisztus előtt** [Freimaurer im 2. Jahrhundert vor Christus]. Vorgetragen auf der Sitzung der Loge „Licht" am 18. Dezember 1901 von Dr. L. V. in: KELET [Der Osten], XIV./ XXVII. 4. (131-141) Budapest, 1902

6.) **A magyar zsidóság szervezetéről** [Über die Organisation des ungarischen Judentums]. Vorgetragen auf der Generalversammlung der Transdanubischen Rabbiner-Vereinigung am 20. August 1903. (1-28) in: Egyenlőség [Gleichheit]. Politisches Wochenblatt des ungarischen Judentums. Redaktion: Miksa Szabolcsi. Sonderdruck aus der Zeitung „Gleichheit". Budapest, 1903

7.) **A „Világosság" páholy első tizenöt éve** [Die ersten fünfzehn Jahre der Loge „Licht"]. Festrede anläßlich des 15-jährigen Bestehens der Loge „Licht". in: KELET , XVI / 29. 8.-9. (214-217)
Budapest, August-September 1904

8.) **Kant és a zsidóság** [Kant und das Judentum]. Vorgetragen in Szabadka. Ungarische Jüdische Rundschau XXI. 3. (M.ZS.SZ.) XXIV (264-276) Budapest,1904 / (263-265) Budapest, Juli 1905

9.) **A Szegedi Emlékünnep** [Das Gedenkfest in Szeged]. Lipót Löw vor 100 Jahren geboren. Vortrag in Szeged. Ungarische Jüdische Rundschau XXVIII.3.
(117-178) Budapest, Juli 1911

10.) **Die Messiashoffnung des Judenthums.**
Vortrag über Einladung des Vorstandes der Wiener Israelitischen Kultusgemeinde am 18. Februar 1915 im Festsaale des Ingenieur- und Architekten-Vereines. Gehalten von Dr. L. V. (15)
Druck, Budapest von Sámuel Márkus

V. ABHANDLUNGEN, ARTIKEL, REZENSIONEN

1.) **A zsidó mint typus a magyar szépirodalomban** [Der Jude als Typ in der ungarischen Belletristik].in: Egyenlőség (Gleichheit).
Zwischen dem 11. Oktober und dem 27. Dezember 1885 erschien jede Woche im Umfang von 2-3 Seiten ein Teil dieser Studienreihe unter dem Pseudonym Lajos Velenczei.

2.) **Megjegyzések Főtisztelendő Friedlieber rabbi úrnak „Kolnidre" szónoklatához** [Anmerkungen zur Predigt „Kolnidre" von Hochwürden Rabbiner Friedlieber]. in: Egyenlőség . Budapest, Oktober 1885

3.) **Izrael története** [Die Geschichte Israels]. Besprechung des Werkes von József Bárány und Ábrahám Stern, herausgegeben von Róbert Lampert. (Rezension) in: Egyenlőség . Budapest, 12. September 1890 (12 - 13)

4.) **Mózes közegészségi törvényei** [Die hygienischen Gesetze des Moses]. in: Egyenlőség . Budapest, 24. Oktober 1890 (13 - 14)

5.) **Francia tudós a mózesi törvényekrol** [Ein französischer Gelehrter über die Gesetze des Moses]. Besprechung der Abhandlung „Meise hygieniste" von Dr. A. F. Suchard [in: Revue Chrestienne; Paris].
in: Egyenlőség . Budapest, 24. Oktober 1890 (5 – 6)

6.) **Semtob Ibn Falaquera I.** [Schemtob B. Joseph Ibn Falaquera I.] in: Magyar Zsidó Szemle [Ungarische Jüdische Rundschau] (abgekürzt: M. ZS. SZ.) VII. Nr. 1 (57 – 81) Budapest, 1890. Redaktion: Vilmos Bacher – József Bánóczy
Semtob Ibn Falaquera II. [Schemtob B. Joseph Ibn Falaquera II.] Beiträge zur arabisch-jüdischen Philosophie im 13. Jahrhundert. Allgemeine Charakterisierung. in: M. ZS. SZ. VII. Nr. 2 (74 – 82) Budapest, 1890.
Semtob Ibn Falaquera III. [Schemtob B. Joseph Ibn Falaquera III.] Ibn Falaqueras Arbeiten in: M. ZS. SZ. VII. Nr. 3 (144 – 155) Budapest, März 1890

7.) **Zsidó Homiletika** [Die jüdische Homiletik]. Nebst einer Auswahl von Texten und Themen. 1. Dr. L. Philippson, 2. Dr. S. Maybour.
in: M. ZS. SZ. VII. (409 – 418) Budapest, 1890

8.) **Adalékok a zsidók jogi helyzetének a történetéhez az Osztrák-Magyar Birodalomban a X.-XVI. századok közti időből**
[Saitschik R.: Beiträge zur Geschichte der rechtlichen Juden namentlich im Gebiet des heutigen Österreich-Ungarn vom zehnten bis sechzehnten Jahrhundert. Frankfurt a. M.] in: M. ZS. SZ. VIII. (269 – 273) Budapest, April 1891 Nr. 4 / Redaktion: Dr. Lajos Blau – Dr. Ferenc Mezey

9.) **A négybetűs istennév történetéhez** [Zur Geschichte des aus vier Buchstaben bestehenden Namen Gottes]. in: M. ZS. SZ. VIII. Budapest, August 1891 Nr. 8

10.) **A Mózes-monda a zsidó irodalomban** [Die Moses-Legende in der jüdischen Literatur]. in: Egyenlőség , Budapest, 1891. Zwischen dem 12. Juni und dem 8. Juli im Umfang von 2 Seiten einmal wöchentlich in der Beilage erschienen.

11.) **Adatok a középiskolai zsidó hitoktatásról az 1894/95. évről**
[Angaben über den jüdischen Religionsunterricht in der Mittelschule im Schuljahr 1894 / 95].
in: Egyenlőség .

12.) **Népszerű felolvasások** [Populäre Vorlesungen].
In der Zeitung: Csurgó és környéke [Csurgó und Umgebung].
15. Oktober 1893

13.) **Jób könyve** [Das Buch Hiob]. (Rezension). Experiment einer Übersetzung in Prosa durch den ev.-ref. Theologen Béla Sass.
in: Debreczeni Protestáns Lap [Debrecener Protestantisches Blatt].
15. September 1894 (464 – 465), 22. September 1894 (479 – 480)

14.) **Vörös május** [Der rote Mai].
In der Zeitung: Csurgó és környéke [Csurgó und Umgebung]. Mai 1894

15.) **Pestalozzi és a talmud tanulásának éneklő modora** [Einige Worte über Pestalozzi und die singende Weise des Talmudlernens]. in: Izraelita Magyar Irodalmi Társulat évkönyve [Jahrbuch des Israelitischen Ungarischen Literarischen Verbandes]. (Im Weiteren: IMIT). II. Jahrbuch. Redaktion: Vilmos Bacher – Ferenc Mezey. Budapest, 1896 (311 – 318)
(In deutscher Sprache: Posten Nr. 73)

16.) **Az eleuziszi misztériumok a jeruzsálemi templomban**
[Die Eleusinischen Mysterien im jerusalemischen Tempel].
in: M. ZS. SZ. XII. Nr. 4 (213 – 222) I. Teil, April 1895, Budapest
in: M. ZS. SZ. XII. Nr. 5 (278 – 282) II. Teil, Mai 1895, Budapest
in: M. ZS. SZ. XII. Nr. 6-7 und Ende Budapest, 1895, Juni – Juli (356-362)
Diese Studie erschien 1897 auch in deutscher Sprache. Die Eleusinischen Mysterien im jerusalemischen Tempel. Populärwissenschaftliche Monatsblätter, 1897 (auch als Sonderdruck).

17.) **Egy koholt disputáció** [Eine fiktive Disputation].
in: A jövő [Die Zukunft]. Nr. 2. 15. Januar 1897 (8- 9)

18.) **Minő nyelven imádkozzunk?** [In welcher Sprache sollen wir beten?]
in: A jövő . 3. April 1897 (8 – 9)

19.) **Zsidó Vallástörténet** [Jüdische Religionsgeschichte]. (Rezension)
in: A jövő . 10. September 1897 (9 – 10)

20.) **Egy közmondás eredete** [Der Ursprung eines Sprichworts].
in. A jövő . 1897

21.) **A héber-magyar összehasonlító nyelvészet** [Die hebräisch-ungarische vergleichende Sprachwissenschaft]. in: IMIT, Jahrbuch VII.
Budapest, 1898 (136 – 164) Auch als Sonderdruck.

22.) **Papnélküli temetések** [Bestattungen ohne Geistliche].
in: Egyenlőség . Budapest, 1898, Nr. 46, 27. November (2 – 4)

23.) **A görög bibliafordítás** [Die griechische Bibelübersetzung].
in: Pesti Napló [Pester Tageblatt] Budapest, 4. Dezember 1901 (5 – 6)

24.) **Eszményeink** [Unsere Ideale]. in: Pesti Napló , Budapest, 28. Dezember 1901 (9 – 10), 20. Dezember (5)

25.) **Az „Akarat nevelése"** [Die Erziehung des Willens]. Besprechung des Werkes von Sarolta Geöcze. Heft 12 der Bücherei der Volkserziehung.
in: Pesti Napló. 30. Dezember 1901 (5)

26.) **Az eleuziszi misztériumok és más egyebek** [Die Eleusinischen Mysterien und anderes]. Antwort und Reflexionen (auf die Kritiken).
in: M. ZS. SZ. XIX. Nr. 4 (296-303) und (385), (336 – 342) Oktober 1902.

27.) **Cionizmus** [Zionismus]. in: Pesti Napló / Budapest, 5. Januar 1902 (6)

28.) **Törvénytelen gyermekek** [Uneheliche Kinder].
in: Pesti Napló, Budapest, 12. Januar 1902 (8 – 9)

29.) **Mi a legerősebb?** [Was ist das Stärkste?] (Legende)
in: Pesti Napló . Budapest, 1. Juni 1902 (16 – 17)

30.) **Palesztinai ásatások** [Ausgrabungen in Palästina].
in: Pesti Napló, Budapest, 28. Dezember 1902 (6)

31.) **Építik a bábeli tornyot** [Der Turm von Babel wird erbaut].
(Babel und die Bibel) in: Pesti Napló , Budapest, 17. Mai 1903

32.) **Kisinev** [Kischinew] in: Politikai Hetiszemle
[Politische Wochenschau]. Budapest, 31. Mai 1903 (6 – 8)

33.) **Mózes és Hamurábi** [Moses und Hammurabi]
in: Pesti Napló, Budapest, 27. Dezember 1903 (4-5)

34.) **A chazan eredetéről** [Über den Ursprung des Chasans] in: M. ZS. SZ.
XX. (263 – 265) Budapest, 3. Juli 1903 Redaktion: Dr. Lajos Blau

35.) **Az Am Hoorecz** [Das Am Hoorez]. (Beiträge zur Geschichte der
Kämpfe in der Zeit des zweiten Tempels).
in: IMIT Jahrbuch XVII. (180 – 199)
Budapest, 1903.

36.) **A zsidó tudomány feladata a jelenkorban** [Die Aufgabe der
jüdischen Wissenschaft in der Gegenwart]. (Haechel, Harnack und
Delitzsch) in: IMIT Jahrbuch XIX. (62 – 91) Budapest, 1904.

37.) **Egy humánus újítás** [Eine humane Erneuerung]. (Gesetzesentwurf
zum Standesamtswesen) in: Pesti Napló / Budapest, 6. März 1904 (7 – 8)

38.) **Hardupanim**. Orientalistische Litteratur Zeitung. Berlin, Akademie
Verlag.
Siebenter Jahrgang, 1904 (238) Unveränderter Nachdruck: Leipzig, 1967

39.) **Oppert Gyula** [Der Assyrologe Gyula Oppert] in: Pesti Napló [Pester
Tageblatt] Budapest, 25. August 1905 (12)

40.) **Zur Bezeichnung der vier Weltgegenden** Orientalistische Litteratur
Zeitung. Berlin, Akademie Verlag. Achter Jahrgang, 1905 (115 – 116)

41.) **Babylóniai legenda befolyása a talmudi exegezisre** [Einfluß einer babylonischen Legende auf die Exegese des Talmuds]. (Auch in hebräischer Sprache. Gedenkbuch zur Erinnerung an Mózes Bloch. Budapest, 1905

42.) **TIGIN** (Anmerkung zum Artikel von Károly Galgóczy in der Zeitschrift Ethnographia). in: Ethnographia, Jahrgang XVI, Heft 3, Mai 1905 (143 – 146) Die Antwort von Károly Galgóczy auf obige Frage: in: Ethnographia, Jahrgang XVI, Heft 4, Juni 1905. Noch einige Worte zur Bezeichnung der angeblichen sumerischen Würde Tigin.

43.) **Levél a szerkesztőhöz** [Brief an den Redakteur]. (In der Angelegenheit der Kritik zu Tigin) in: Ethnographia, Jahrgang XVII, Heft 5, 1906 (317 - 319)

44.) **Babylonia és Assziria** [Babylonien und Assyrien]. (Rezension) (Studie von Ed. Mahler). in: Pesti Napló
Budapest, 19. Dezember 1906

45.) **Az amerikai bevándorlási törvényjavaslat és a zsargon** (Der amerikanische Einwanderungsgesetzentwurf und der Jargon].
in: Politikai Hetiszemle [Politische Wochenschau] Budapest, 1907

46.) **Apikoresz** [Apikores]. in: IMIT, Jahrbuch XXIII, 1907 (323 – 240) Budapest, 1907. Redaktion: József Bánóczy

47.) **Jüdische Apologetik** Allgemeine Zeitung des Judentums, Leipzig, 1907

48.) **Református zsidók** [Reformierte Juden]. in: IMIT, Jahrbuch XXV, 1908 (129 – 152) Budapest, 1908. Redaktion: József Bánóczy

49.) **Kopenhágai emlékek** [Erinnerungen an Kopenhagen]. Mitteilungsblatt des Rabbinerinstitutsvereins. Budapest, 1908 (111 – 118)

50.) **Perczelné Kozma Flóra** (Flóra Kozma-Perczel) (Rezension) in: Egyenlőség [Gleichheit]. Budapest, 26. April 1908, Beilage (1 – 2)

51.) **Zsidó-vita az orientalisták kongresszusán** [Judendebatte auf dem Orientalistenkongreß]. in: Beilage zu Egyenlőség . Budapest, September 1908 (1-2)

52.) **Összehasonlító liturgiai történeti tanulmány** [Vergleichende liturgiegeschichtliche Studie]. (I. Sehalim, II. Zakkor, III. Parah) in: M. ZS. SZ. XXV. 1 (64 – 80) Budapest, Januar 1908.

53.) **Összehasonlító liturgiai történeti tanulmány** [Vergleichende liturgiegeschichtliche Studie]. (IV. Hachodes, V. Pesach, VI. Sabuoth, VII. Ros-Hasanah, VIII. Jom-Kippur, IX. Sukkoth). in: M. ZS. SZ. XXV. 2 (125 - 148) Budapest, April 1908. Redaktion: Dr. Lajos Blau

54.) **Összehasonlító liturgiai történeti tanulmány** [Vergleichende liturgiegeschichtliche Studie]. (X. Chanuka, XI. Ros Chodes, XII. Fasttage, XIII. Die tröstenden Sabbats, XIV. Sabbat Suvoth). in: M. ZS. SZ. XXV. 3 (261 - 281) Budapest, Juli 1908. Redaktion: Dr. Lajos Blau

55.) **A zsidók története Magyarországon 1850-1900-ig** [Die Geschichte der Juden in Ungarn von 1850 bis 1900]. in: Egyenlőség . Budapest, 1909 (Zwischen dem 27. September und dem 14. November Studien im Umfang von 2 Seiten siebenmal in der Beilage erschienen. Teile aus dem Buch von L. V. werden vorgestellt.)

56.) **Ursprung und Bedeutung der Propheten-Lektionen. Zeitschrift der Deutschen Morgenländischen Gesellschaft.** Dreiundsechzigster Band. (103 – 170) Leipzig, 1909 (auch als Sonderdruck)

57.) **Bacher Vilmos, mint vallásbölcsész** [Vilmos Bacher als Religionsphilosoph]. in: M. ZS. SZ. XXVII. 1 (137 – 148) Budapest, Januar 1910

58.) **Bacher Vilmos jubileuma. 60. születésnapján** [Das Jubiläum von Vilmos Bacher, an seinem 60. Geburtstag]. in: M. ZS. SZ. XXVII. 3 (195 – 218) Budapest, 1910.

59.) **Zsidó nyomok a római katholikus szertartásokban** [Jüdische Spuren in der römisch-katholischen Liturgie]. in: IMIT. Jahrbuch XXXI. 1910 . (314 – 355) Budapest, 1910.

60.) **A kultúra őshazájából** [Aus der Urheimat der Kultur]. Ungarische Bildung. Gymnasialverband. Redaktion: József Geréb. I. 1909/1910 – 2. 1910/1911. Beilage der Ungarischen Akademie der Wissenschaften. Budapest, 1909 – 1912 zusammengebundene Exemplare (Nr. 6 – 9), 5 Teile auf je 2 Seiten

61.) **A zsidóság szerepe az emberiség kulturájában. Részletek a magyar kiadású Grätz VII. kötetéből** [Die Rolle des Judentums in der Kultur der Menschheit. Ausschnitte aus Band VII des Werkes von Grätz in ungarischer Sprache]. in: Egyenlőseg, Budapest, 1910
(Zwischen dem 8. Mai und dem 28. Juli in der Beilage, einmal in der Woche auf 1 – 2 Seiten publizierte Serie in 16 Teilen).

62.) **Csengey Gusztáv** [Gusztáv Csengey] in: Beilage zu Egyenlőség. Budapest, 2. Januar 1910 (1-2)

63.) **Istentiszteletünkről** [Über unseren Gottesdienst]. Magyar Izrael, 1911 (154 – 161)

64.) **Szervezkedés és lelkiismeret** [Organisierung und Gewissen]. (Jubiläumsheft). (1886-1911) in: Egyenlőség. Budapest, 1. Juni 1911 (69-70)

65.) **Zsidó magyarok a honfoglalás idején** [Jüdische Ungarn zur Zeit der Landnahme]. in: Sárvári Járási Hírlap [Blatt des Kreises Sárvár] 29. Januar 1911 (1 – 2), 19. Februar 1911 (1 – 3), 26. Februar 1911 (12)

66.) **Szemelvények a talmudból és a midrásból** [Ausschnitte aus dem Talmud und dem Midras]. in: Múlt és jövő [Vergangenheit und Zukunft]. Budapest, Januar 1912

67.) **Régi írásokból** [Aus alten Schriften]. in: Múlt és jövő [Vergangenheit und Zukunft]. Budapest, 30. April 1912

68.) **Az új zsoltárkönyv** [Der neue Psalter]. in: M. ZS. SZ. XXIX. 2 (149 – 153) Budapest, April 1912.

69.) **Dr. Bloch** Österreichische Wochenschrift für Wissenschaft, Kunst und Öffentliches Leben. Wien, 1912

70.) **Über die Ursachen des Mangels an Rabbinergrößen in Österreich und Ungarn.** in: Österreichische Wochenschrift für Wissenschaft, Kunst und Öffentliches Leben. Wien, 1912

71.) **Semiták-e a zsidók?** [Sind die Juden Semiten?] in: IMIT. Jahrbuch XXXIV. 1912. (169 – 188) Budapest, 1912.

72.) **Egy zsidó vallás van-e több-e?** [Gibt es einen jüdischen Glauben oder mehrere?] in: Egyenlőség. Budapest, 1913

73.) **Mit adott a zsidóság a világnak?** [Was hat das Judentum der Menschheit gegeben?] in: Egyenlőség. Budapest, 16. März 1913 (1 – 3) (Teile aus einem am 13. Februar 1913 in Wien gehaltenen Vortrag).

74.) **Einige Worte über Pestalozzi und die singende Weise des Talmudlernens.** (Auch in ungarischer Sprache erschienen: Posten Nr. 16) Freie Jüdische Lehrstimme, 1913

75.) **Bacher Vilmos temetése** [Die Beisetzung von Vilmos Bacher].
in: M. ZS. SZ. XXXI. 1 (13 – 16) Budapest, Januar 1914.

76.) **Ismertetés** [Besprechung]: Beilis, Die Sulchan-Waren, Professor
Hermann Cohen, Der ungarische Talmud, Die Judendebatte im
Delegationsausschuß. (Das Kapitel Gesellschaft). in: M. ZS. SZ. XXXI.
(90 – 96) Budapest, 1914

77.) **Dr. Lajos Blau und Dr. Ferenc Mezey. Die Generalversammlung
von IMIT.** (Das Kapitel Gesellschaft). in: M. ZS. SZ. XXXI. 2 (97 – 104)
Budapest, April 1914.

78.) **A haifai Zsidó Műegyetem** [Die Jüdische Technische Universität in
Haifa]. in: M. ZS. SZ. XXXI. 2 (174 – 176) Budapest, April 1914

79.) **Dr. Mezey Ferencz** (Dr. Franz Mezey) (177-178):
Az országos izraelita patronage egyesület
[Die israelitische Landespatronagevereinigung]. (178-179)
Az autonómiai bizottság memoranduma [Das Memorandum des
Autonomieausschusses]. (180-183) **A rabbik korpótléka**
[Der Alterszuschlag der Rabbiner]. (183-184) in: M. ZS. SZ. XXXI. 3
(235 – 240) Budapest, Juli 1914

80.) **Az IMIT 1914. évi kiadványai** [Die Publikationen von IMIT des
Jahres 1914]. in: M. ZS. SZ. XXXI. 3 (235 – 240) Budapest, Juli 1914

81.) **Babiloniai eposz a világ teremtéséről...** [Das babylonische Epos über
die Erschaffung der Erde...] (Übersetzung von Dr. L. V.).
in: M. ZS. SZ. XXXI. 4 (280 – 299) Budapest, Oktober 1914

82.) **Lőw Immanuel** [Immanuel Lőw]. in. Múlt és jövő [Vergangenheit und
Zukunft]. Budapest, 1914

83.) **Psalm in der synagogalen Liturgie.**
Monatsschrift für Geschichte und Wissenschaft des Judentums.
Achtundfünfzigster Jahrgang. Neue Folge. Zweiundzwanzigster Jahrgang.
Breslau. Koebner'sche Verlagsbuchhandlung, 1914. (113 – 114)

84.) **Dr. Schnitzer Ármin** [Dr. Ármin Schnitzer]. in: M. ZS. SZ. XXXII. 1
(1 – 2) Budapest, Januar 1915

85.) **Szabolcsi Miksa** [Miksa Szabolcsi]. in: M. ZS. SZ. XXXII. 1
(165 – 168) Budapest, 1915.

86.) **IMIT évkönyve** [Das Jahrbuch von IMIT]. in: M. ZS. SZ. XXXIII. (194 – 198) Budapest, 1916

87.) **Juda Halévi filozófiája** [Die Philosophie von Juda Halewi]. Theológiai Közlöny [Theologische Mitteilungen] Budapest, 1916

88.) **Papavató beszéd** [Ansprache zur Ordination]. in: Egyenlőség . Budapest, 1917

89.) **Ágoston Péter történeti kisiklásai** [Die historischen Ausrutscher von Péter Ágoston]. (VIII-IX-X-XI) in: Egyenlőség. Budapest, 3. April 1917

90.) **Bacher Vilmos. Ünnepi szám a Rabbiképző szeminárium negyvenéves jubileumára** [Vilmos Bacher. Festnummer zum vierzigjährigen Jubiläum des Rabbinerseminars.] in: Egyenlőség . Budapest, 15. September 1917 (14-15)

91.) **El sa Gaddaj.** Zeitschrift für Assyrologie. 1917

92.) **Rabbiképzők** [Rabbinerschulen]. in: M.ZS.SZ.XXXIV.2.4.(159-168) Redaktion: Dr. Lajos Blau. Budapest, April-Oktober 1917

93.) **Az Országos Iroda jelentése** [Der Bericht des Landesbüros]. in: M. ZS. SZ. XXXV. 1-2. (8 – 14) Budapest, Januar – April 1918

94.) **Mahler zsidó kronológiája** [Die jüdische Chronologie Mahlers]. Rezension des Handbuches der jüdischen Chronologie von Ed. Mahler. Leipzig, 1916, Buchhandlung Gustav Foch. in: Történeti Szemle [Geschichtliche Rundschau]. Geschichtswissenschaftliche Mitteilungen der Ungarischen Akademie der Wissenschaften. Budapest, 1918 (114-120)

95.) **Adatok az emancipáció történetéhez** [Angaben zur Geschichte der Emanzipation]. **Az emancipáció jubiléumának megünneplése** [Die Feier des Jubiläums der Emanzipation]. in: Egyenlőség . Budapest, 5. Januar 1918

96.) **Az emancipáció története** [Die Geschichte der Emanzipation]. in: IMIT. Jahrbuch XLIII. Budapest, 1918 (32 – 52)

97.) **A héberoktatás a községi elemi iskolában** [Der Hebräischunterricht in der elementaren Volksschule]. Israelitisches Schulprogramm. Jahrgang XLIV und XLV. 1919-1920. (5 – 11) Budapest. Redaktion: Rezső Bárd und Ignác Pintér

98.) **A zsidók találták fel a betüvetést** [Das Schreiben wurde von den Juden erfunden]. in: Egyenlőség . Budapest, 10. Juli 1920 (10 – 11), 17. Juli 1920 (11)

99.) **Összeállítás Lőw Immánuel beszédeiből** [Zusammenstellung aus den Ansprachen von Immanuel Lőw].
in: Egyenlőség . Budapest, 8. Mai 1920 (11 – 12), 15. Mai 1920 (12)

100.) **A zsidógyűlölet végső okai hazánkban** [Die letzten Ursachen des Judenhasses in unserem Land]. (Beilage der illustrierten Zeitschrift).
in: Egyenlőség . Budapest, Mai – Juni 1921 (1 – 6)

101.) **Dávid történeti jelentősége** [Die historische Bedeutung Davids].
in: Múlt és jövő [Vergangenheit und Zukunft]. Monatsblatt.
Budapest, August – September 1921 (240 – 246)

102.) **A Palesztinai Talmud** [Der palaestinensische Talmud].
in: Múlt és jövő .
Budapest, März 1922 (99)

103.) **Zsidók a honfoglalásban** [Juden bei der ungarischen Landnahme]. Ausschnitte aus dem Band des Oberrabbiners Dr. Ludwig Venetianer „A magyar zsidóság története" [Die Geschichte des ungarischen Judentums].
in: Múlt és jövő . Jüdisches politisches, literarisches, gesellschaftliches und kritisches Wochenblatt. 15. September 1922

Das bibliographische Verzeichnis wurde von mir aufgrund der religionsgeschichtlichen, orientalistischen und wissenschaftlichen Bücher, Zeitschriften und Sonderdrucke in der Nationalbibliothek Széchényi, in der Bibliothek der Ungarischen Akademie der Wissenschaften, in der Universitätsbibliothek Budapest, in der Parlamentsbibliothek, in der Bibliothek des Landesrabbinerseminars der Budapester Jüdischen Universität und aus der Hinterlassenschaft der Familie zusammengestellt. Eine Unterstützung hierbei bedeutete mir die Arbeit „Venetianer Lajos élete és munkássága" [Das Leben und das Schaffen von Ludwig Venetianer] von Salamon Halpert (in: Magyar Zsidó Szemle [Ungarische Jüdische Rundschau] LXXI, Budapest, 1923. (3-10).

Im Mai 2001

Marianna Varga

Marianna Varga, geboren 1926 in Budapest, Tochter von Márta Venetianer
(eine Tochter von Ludwig Venetianer) und Sándor Varga aus Újpest.
Ihr Ehemann war Dr. Miklós Udvardi, Rechtsanwalt
(Nyíregyháza 1913 – Budapest 1995).
Studium an der philologischen Fakultät der Budapester
Eötvös Loránd Universität, Diplom 1953, Promotion 1978.
Museologin im Museum zu Székesfehérvár (1953 – 1956).
Bibliothekarin des Kunstgewerberates zu Budapest (1956),
Referentin des Volksbildungsinstituts (1957 – 1970),
Abteilungsleiterin des Landesrates
der Haus- und Volkskunstgewerbegenossenschaft,
Sekretärin des Volkskunstgeweberates (1970 – 1982),
Mitglied (1957 – 1970, 1993 –),
Beraterin der Volkskunsthandel A.G., 1982 – 1993
(Genossenschaftsunternehmen für Volkskunst und Hausgewerbe).
Lehrtätigkeit am Textil-Lehrstuhl der Universität für Kunstgewerbe in
Budapest (1994 -).
Bis 2001 über 130 volkskundliche, wissenschaftliche,
populärwissenschaftliche und volksbildende Veröffentlichungen
zur Volkskunde und Kulturwissenschaften,
Herausgeberin von 28 praktischen und theoretisch-methodologischen
Volkskunstpublikationen (1959 – 1982).
Ihr Fachgebiet ist die Volkskunst der ungarischen Bauernschaft,
besonders Trachten, gewebte und gestickte Haustextilien,
die Erforschung der Volkskunst- und Hausgewerbegeschichte.
Sie untersucht diese Traditionen und ihre Veränderungen.
Sie ist als Organisatorin und in der Unterrichtsmethodologie der neuen
lebendigen Volkskunst tätig.

VERLAGSINFORMATION

Peter W. Metzler Verlag

peterwmetzler@t-online.de

In Vorbereitung ist eine Neuausgabe von:

„ **Die Messiashoffnung des Judenthums** "

Vortrag über Einladung des Vorstandes der
Wiener Israelitischen Kultusgemeinde am 18. Februar 1915
im Festsaale des Ingenieur- und Architekten-Vereines

Gehalten von
Dr. L. Venetianer

Bestellungen:
Bestellungen sind im Buchhandel möglich.
Verkaufspreise:
Die aktuellen Verkaufspreise erfragen Sie direkt im Buchhandel.

Dölger, Franz Joseph (geb. 1879, gest. 1940)
ICHTHYS
5 Bände (1922 - 1957)
Einfacher Nachdruck als Studienausgabe in 6 Bänden in der
Reihe: " Religionen und Kulturen der Antike "
Inhalt: Der Fisch in der Antike und in den antiken Religionen vom
Zweistromland bis Ägypten, von Israel bis Griechenland, von Rom bis
Byzanz / Konstantinopel, von ca. 1000 v.Chr. bis ca. 700 n.Chr.
Ein Standardwerk der Archäologie und Kulturgeschichte.
Format 17 x 22 cm / kart. / Abbildungen in schwarzweiß
Tafeln = ganzseitige Abbildungen in schwarzweiß

Religionen und Kulturen der Antike   Band 1
Dölger, Franz Joseph: ICHTHYS 1. Band
Das Fisch-Symbol in frühchristlicher Zeit
Ichthys als Kürzung der Namen Jesu
79 Abbildungen / 5 Tafeln / Reprint von 1928 / ca. 535 Seiten
ISBN 3-936283-01-X

Religionen und Kulturen der Antike   Band 2
Dölger, Franz Joseph: ICHTHYS 2. Band
Der heilige Fisch in den antiken Religionen und im Christentum
Textband
Reprint von 1922 / ca. 660 Seiten
ISBN 3-936283-02-8

Religionen und Kulturen der Antike   Band 3
Dölger, Franz Joseph: ICHTHYS 3. Band
Der heilige Fisch in den antiken Religionen und im Christentum
104 Tafeln / Reprint von 1922 / ca. 132 Seiten
ISBN 3-936283-03-6

Religionen und Kulturen der Antike   Band 4
Dölger, Franz Joseph: ICHTHYS 4. Band
Die Fisch-Denkmäler in der frühchristlichen Plastik
Malerei und Kleinkunst
189 Tafeln / Reprint von 1927 / ca. 219 Seiten
ISBN 3-936283-04-4

Religionen und Kulturen der Antike   Band 5 / 1
Dölger, Franz Joseph: ICHTHYS 5. Band
Die Fisch-Denkmäler in der frühchristlichen Plastik
Malerei und Kleinkunst
Textband / 10 Tafeln / 9 Abbildungen
Reprint von 1957 / ca. 430 Seiten: XXI, Seiten 1 – 390
Band 5/1 und Band 5/2 sind ein Band !
ISBN 3-936283-05-2

Religionen und Kulturen der Antike   Band 5 / 2
Dölger, Franz Joseph: ICHTHYS 5. Band
Die Fisch-Denkmäler in der frühchristlichen Plastik
Malerei und Kleinkunst
Textband / 30 Tafeln
Reprint von 1957 / ca. 450 Seiten: Seiten 391 - 795
Band 5/1 und Band 5/2 sind ein Band !
ISBN 3-936283-06-0